시골 농부의 마음공부

시골 농부의 마음공부

부처님의 교법과
수행의 핵심을 한 권에 담다

김일문 지음

운주사

들어가는 글

인류라는 종의 역사에는 수많은 철학자, 사상가, 종교가들이 있었다. 그러나 '나는 누구이며, 그리고 세상은 무엇인가?'라는 인간의 가장 근원적인 질문에 제대로 된 답을 내놓은 사람은 없었다.

지금으로부터 2,600여 년 전에 이 질문에 가장 명료하고도 진실된 해답을 주신 이가 바로 인류의 위대한 스승이신 고따마 싯닷타였다.

게다가 그는 이 해답을 바탕으로 깨달음이라는 통찰지를 통해 윤회의 사슬을 끊는 해탈 열반의 길을 열어 보이셨으니, 이는 인류 역사상 그 어떤 사상이나 종교에서도 제시하지 못한 보배로운 가르침이다.

태어날 때 탯줄을 목에 걸고 태어나 어머니는 나를 절에 입적하셨고, 주위로부터 불도가 강한 아이라는 이야기를 많이 듣고 자랐다. 하지만 유치원이라고는 교회에서 운영하는 곳이 전부인 시절 교회 유치원에서 크리스마스 계란을 얻어먹고 다니며 자란 필자는 중학교마저 기독교 계통의 학교로 가게 되어 성경 공부에다가 성경 시험을 치르며 3년을 보냈으니 조금은 아이러니하다.

그렇게 그럭저럭 대학을 마치고 군대를 다녀온 후 잠시 직장생활을 하다가 결혼을 하고 부모님 사업을 도와 사업 일선에서 활동하던 30대 초반, 해인사 백련암에 주석하시던 성철 스님을 삼천 배 기도 끝에 뵙고 '일오一悟'라는 법명을 받은 것을 계기로 불교에 대한 관심을 키우기 시작했다. 스님의 '백일법문' 같은 훌륭한 지침서 덕분에 많은 공부가 되었고 내려주신 '삼세근' 화두를 열심히 참구하였다. 또한 백련암 장경각에서 발행하여 보내주신 '선림고경총서'들은 중국 선불교를 공부하는 데 더 없이 좋은 계기가 되었다. 그러나 '화두' 참구는 시간이 지나도 큰 진전이 없이 삼십대가 지났고, 삶의 의심을 풀기 위해 다른 곳으로 눈을 돌리는 계기가 되었다.

사업에도 인생에도 부침이 있기 마련이고, 부침에 따라 항상 일어나는 생각은 끊임없이 '나는 누구이고, 세상은 무엇인가?'였다. 그러다가 과학에서 이 답을 찾아 물리학과 우주과학, 뇌과학 분야를 헤매며 40대의 대부분을 보내고 난 어느 날 공자를 만났다. 공자에서 답을 찾아 50대를 보내다 어느 날 문득 다시 부처를 만났다. 그것도 초기 원음 그대로의 부처를.

아! 그곳에 그렇게 찾아 헤매던 삶의 해답이 고스란히 제시되어 있었다.

인생의 남은 시간을 오롯이 마음공부에 전념하고자 육십 대를 넘기기 직전에 도시 생활을 접고 이곳 경남 하동 악양으로 귀촌을 했다. 마침 매입한 땅이 감 농사를 짓던 곳인데 아무 조건 없이 농사만 지을 사람을 찾아도 할 사람이 없어 결국 자의반 타의반의 농사꾼이 되었다. 그리하여 수행과 농사일을 병행하면서 하루하루 감사히 살아가고 있다.

그러던 어느 날 문득 OECD 통계 세계 자살률 1위라는 부끄러운 타이틀을 가진 이 땅의 대중들에게 종교라는 굴레를 떠나 누구나 행복해질 수 있는 이 좋은 공부를 그분의 삶과 가르침, 그리고 실참수행을 망라한 한 권의 책으로 전할 수 있다면 더없이 좋지 않을까 하는 생각이 들었다.

무식한 사람이 용감하다고, 부족한 능력에도 이 책을 시작한 이유이다.

더불어 이렇게 부처님의 가르침이 분명한데도 오늘날 한국불교는 왜 부처님의 가르침과는 먼 이 자리에 있는 것일까 하는 의문을 함께 풀고 싶었다. 그리고 그 길에는 중국불교, 특히 중국 선불교가 자리하고 있었다.

그러나 중국 선불교에 대한 비판은 선불교의 법맥法脈을 그렇게나 중시하신 성철 스님을 욕보이는 것 같은 아픈 마음도 들었지만, 또 한편으로는 이런 뒷사람이 있기에 이 땅의 불교가 더 발전하는 계기도 되리라 생각되어 용기를 내었다.

이런 생각의 발로에서 나온 것이 '이 한 권의 책'이다.

그리고 독자들에게 가장 좋은 안내서가 되기 위해서는 이 책에 담고 싶은 것들에 두루 능통하지 못한 필자가 이것저것 다른 이들의 공부를 짜깁기하는 방식이 아니라 각 장 별로 필자가 접해 본 책이나 강연 중에서 가장 수승한 내용들을 빌려 전달하는 것이 가장 좋은 방법이라 생각되어 그렇게 구성하였으며 그 구체적 출처는 각 장 앞부분에 밝히고, 원작자들의 양해도 구하였다.

이 점 독자들의 이해를 바라며, 수행을 통해 진리를 탐구하고자 하는 많은 이들에게 좋은 법보시를 하여 주신 원작자들에게 이 자리를 빌어 다시 한 번 감사의 말씀을 올린다.

그런 의미에서 이 책으로 인해 혹여 생길 수입은 모두 사회에 환원할 것을 약속드리며, 모쪼록 이 한 권의 책이 많은 분들의 삶에 소중한 밑거름이 되길 기원한다.

들어가는 글 • 5

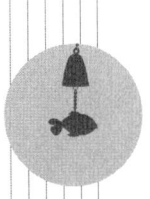

제1장 부처님의 생애와 가르침 11

제1절 부처님의 생애 • 11

출생과 출가 12

수행과 성도 20

전법과 교화 41

열반 64

제2절 부처님의 가르침(교법敎法) • 84

불교의 목적: 행복의 실현 84

연기와 사성제 89

나는 누구인가? 97

존재란 무엇인가? 106

네 가지 마음챙김(四念處) 109

팔정도八正道 125

제2장 실참수행에 관하여: 호흡수행을 중심으로 133

제3장 대승불교 185

제1절 발단 • 185
제2절 브라만교의 소멸과 힌두교의 발생 • 190
제3절 대승불교의 탄생 • 191
제4절 인도의 대승불교 사상 • 195
제5절 결론 • 202

제4장 중국불교 209

제1절 중국불교의 성립과 문제점 • 209
제2절 선불교의 성립과 문제점 • 218
제3절 『육조단경』과 문제점 • 232
제4절 돈점頓漸 논쟁 • 245

마치는 글 • 253

제1장 부처님의 생애와 가르침

제1절 부처님의 생애[*]

부처님의 발자취는 4아승기와 10만 대겁 전, '아마라와띠'라는 아름다운 도시에 살았던 수메다(Sumedha) 바라문의 생으로부터 시작된다. 그러나 이 책에서는 부처님의 전생에 관한 이야기는 생략하고 금생인 고따마 싯닷타에 대한 이야기를 위주로 한다.

부처님의 생애에 관한 책은 수없이 많지만 필자가 접한 책 중에서 부처님의 전생부터 가장 세밀하고 성실하게 기록된 자료가 바로 불방일 출판사에서 발행한 일창 담마간다 스님의 『부처님

---

* 불방일 출판사에서 발행한 일창 담마간다 스님의 『부처님을 만나다』에서 발췌하였습니다. 흔쾌히 게재를 허락해 주신 일창 담마간다 스님께 진심으로 감사드립니다.

을 만나다』가 아닌가 한다. 그러나 그 내용을 다 옮기기에는 양이 너무 많아 부처님의 출생과 출가, 그리고 고행과 성도와 전도 과정, 그리고 흔히 1,250 아라한으로 불리는 승단의 성립 과정 그리고 반열반 등을 중심으로 옮겼다.

출생과 출가

기원전 625년 음력 6월 보름날, 북인도 까삘라 성을 다스리는 숫도다나 왕의 부인 마하마야 왕비는 동이 트기 직전 흰 코끼리가 침대를 오른쪽으로 세 번 돌고 자신의 옆구리로 들어오는 태몽을 꾸었다. 출산일이 다가오자 출산을 위해 친정인 데와다하로 가고자 왕에게 청했고, 왕은 왕비가 가는 길을 정돈하고 단장하도록 시켰다.

친정으로 가던 왕비가 룸비니라는 동산에 이르렀을 때였다. 아름다운 살라나무 숲을 본 왕비는 그곳에서 잠시 쉬고 싶어졌다. 왕비가 살라나무 아래로 가서 드리워진 나뭇가지를 잡는 순간 산기를 느꼈고, 시녀들은 서둘러 장막을 치고 주위에서 물러났.

그날이 기원전 624년 음력 4월 보름날이었다.

이날 서른두 가지 상스러운 현상이 생겨났으며, 같은 날 미래에 부인이 될 야소다라 공주, 아난다 장로, 찬나라는 하인, 깔루다이라는 신하, 깐다까라는 말이 탄생했고, 대보리수와 네 개의

룸비니 동산

보배 항아리도 함께 생겨났다. 이것을 '일곱 가지 탄생 동반자'라고 한다.

  왕자의 탄생을 알게 된 아시따 선인이 궁으로 들어가 왕에게 왕자를 보여 달라고 간청하였다. 왕자의 모습을 본 아시따 선인은 왕자에게 예경을 올리고 그가 커서 출가를 하여 정등각자 부처님이 되실 것을 예언하였다. 아시따 선인은 왕궁에서 나와 곧바로 자기 누이의 집으로 가서 조카인 날라까에게 "지금부터 35년이 지난 다음 이 세상에 부처님이 출현하실 것이다. 그때 너는 부처님을 뵐 수 있을 것이니 지금 바로 출가하여라"고 말해 주었다. 그 말을 들은 날라까는 바로 출가하여 수행자로서의 삶을 시작하였다.

왕자가 태어난 지 닷새째 되던 날, 왕은 여덟 명의 바라문을 초대하여 왕자의 이름을 짓는 명명식을 거행한다. 왕자가 갖춘 32상 80종호의 모습을 본 여덟 명의 바라문 가운데 나이가 많은 일곱 명의 바라문들은 손가락 두 개를 펴 보이며 "왕자가 세속에 있으면 전륜성왕이 될 것이고, 출가하면 정등각자 부처님이 될 것입니다."라고 예언했다. 하지만 나이가 가장 작은 꼰단냐 바라문은 한 손가락만 펴 보이며 "왕자는 절대 전륜성왕은 되지 않고 분명 출가하여 정등각자 부처님이 될 것입니다."라고 예언했다. 그리고 왕자의 이름을 '원하는 것이 모두 다 성취되다'라는 뜻의 '싯닷타(Siddhattha)'로 지었다.

나중에 싯닷타 왕자가 출가했을 때 그 소식을 들은 꼰단냐는 일곱 명의 바라문 아들들에게 가서 함께 출가할 것을 의논한다. 그러나 일곱 명의 바라문 아들들 중에서 출가한 사람은 꼰단냐 외에 왑빠, 밧디야, 마하나마, 앗사지 네 명이다. 이 다섯 명의 수행자가 부처님께서 고행하실 때 시중을 들었고, 부처님께서 깨우침을 얻으신 후 최초로 설하시는 가르침을 듣게 되는 다섯 제자이다.

숫도다나 왕은 바라문들로부터 왕자가 출가할 것이라는 예언을 듣자 왕자가 어떤 징조를 보고 출가하게 되는지 물었다. 바라문들은 "왕자는 늙은 사람, 병든 사람, 죽은 사람, 출가한 사문을 보고 출가할 것입니다."라고 대답하였다. 그때부터 왕은 늙은 사람, 병든 사람, 죽은 사람, 출가한 사문들이 성 주위나 성 내부에 들어오지 못하게 하였고 절대로 왕자의 눈에 뜨이지 않도록 하였다. 그래서 왕자는 스물아홉 살이 될 때까지 늙은 사람, 병든 사람, 죽은 사람이나 출가자를 한 번도 보지 못했다고 한다.

왕자가 태어난 후 7일째 되는 날, 어머니인 마야 왕비가 돌아가셨다. 어머니인 마야 왕비가 돌아가시자 두 번째 왕비이자 마야 왕비의 동생인 마하빠자빠띠 고따미가 싯닷타 왕자를 돌보게 된다. 마하빠자빠띠 고따미는 왕자가 태어난 지 며칠 후에 난다 왕자를 출산하지만 자기가 낳은 왕자는 유모가 돌보게 하고 싯닷타 왕자는 자신이 직접 돌보았다.

왕자가 12세가 되는 해, 음력 5월 보름에 농경제가 열렸다. 이 농경제는 왕과 많은 신하들이 함께 참가하여 풍년을 기원하고 누가 밭을 제일 잘 가는지 시합도 하는 아주 큰 행사였다.

왕자와 함께 농경제에 참가한 숫도다나 왕은 왕자를 잠부나무 그늘 아래 쉬게 하고 신하들과 함께 밭을 갈러 갔다. 왕은 황금으로 만든 쟁기를 가지고 밭을 갈고 대신들은 은으로 만든 쟁기를 가지고 밭을 갈고 농부들은 일반 쟁기를 가지고 밭을 갈았다. 농사일을 해보지 않은 대신들이 우스꽝스러운 모습으로 밭을 갈자 그 모습을 보고 여기저기서 웃고 떠들며 축제 분위기가 무르익어 갔다. 그러자 왕자를 돌보던 시녀들도 왕자를 나무 밑에 혼자 남겨두고 행사를 구경하러 갔다.

왕자는 주위에 아무도 없자 가부좌를 하고 앉아 호흡에 대한 마음챙김을 하였다. 그리고 얼마 후에 색계 초선정에 들었다. 웃고 떠들며 놀다가 왕자에게 돌아온 시녀들이 그 모습을 보고 놀라서 왕에게 달려가 그 사실을 보고했다. 왕이 급히 달려와 보니 왕자가 가부좌를 틀고 앉아 삼매에 들어 있었는데, 그 모습이 너무나 거룩해서 왕은 왕자에게 예경을 올렸다.

이때의 선정 경험은 왕자에게 참으로 중요한 사건이었다. 나중에 싯닷타 왕자가 출가하여 극심한 고행을 통해서도 깨달음을 얻지 못하자 어린 시절 농경제 때 호흡에 대한 마음챙김으로 초선정에 들었던 사실을 기억해 냈고, 그것으로 인해 수행에 대한 생각을 바꾸게 되기 때문이다.

숫도다나 왕은 왕자를 위해 겨울, 여름, 우기의 각 계절에 알맞은 세 개의 궁전을 마련해 주었고 왕자는 그곳에서 많은 시녀들의 시중을 받으며 행복하게 지냈다. 왕자의 나이 열여섯 살이 되자 왕은 왕자를 세자에 책봉하는 행사와 함께 결혼식을 거행하기로 했다. 사끼야 족들은 자신의 종족과만 결혼했기 때문에 왕은 사끼야 족 중에서 결혼 적령기에 이른 공주들을 모두 모이게 했고, 그 자리에서 가장 고귀하고 아름다운 야소다라 공주가 싯닷타 왕자의 배우자로 간택되었다. 야소다라 공주는 싯닷타 왕자가 전생에 보살로서 디빵까라 부처님으로부터 처음 수기를 받을 때 자신의 꽃을 나눠주며 세세생생 배우자가 되겠다고 서원을 세웠던 수밋따라는 여인으로, 이제 왕자의 마지막 생에서도 배우자가 된 것이다.

왕자는 결혼과 동시에 왕세자로 책봉되는 관정식을 치른 후 야소다라 비와 함께 행복하고 안락하게 살았다.

왕자의 나이 스물여덟 살이 되던 해 음력 6월 보름날, 왕자는 문득 왕의 정원에 가고 싶어져 마부에게 채비를 시킨 후 정원으로 향했다. 그때 천신들이 '싯닷타 왕자가 깨달음을 얻을 시기가 가까워졌으니 그 계기를 보여드립시다'라고 하며 한 천신이 허리가 굽은 늙은이로 변신하여 지팡이를 의지한 채 비틀거리며 왕자의 마차 앞에 나타났다. 늙은이를 본 왕자가 마부에게 물었다.

"저 사람은 누군가? 왜 다른 사람과 저리 다른가?"

"왕자시여, 저 사람은 늙은이라고 합니다."

늙은이라는 말을 들어본 적도 없고 늙은이를 본 적도 없는 왕자가 다시 물었다.

"늙은이라니, 도대체 그 말은 무슨 의미인가?"

"왕자시여, 죽음이 가까워져 머리도 희어지고 이빨도 빠지고 등도 굽은 채 힘없이 지팡이에 의지해 비틀비틀 걷는 사람을 늙은이라고 합니다."

"그러면 나도 나중에는 저렇게 늙은이가 되는가? 늙은이가 되지 않을 수는 없는가?"

"왕자시여, 왕자님을 포함한 모든 사람들은 다 늙을 수밖에 없습니다. 늙음으로부터 벗어날 수 있는 사람은 아무도 없습니다."

마부의 대답을 들은 왕자에게 '오! 태어남에는 반드시 늙음이 뒤따르는구나!'라는 경각심이 생겨났다. 이는 싯닷타 왕자가 한 번도 경험해 보지 못한 '늙음'이라는 것을 통해 현재의 생활이 궁극적인 행복이 아니라는 사실을 깨닫게 되는 아주 중요한 사건이다. 여기서 마부는 단지 늙음에 대해서만 말했는데 싯닷타 왕자가 스스로의 지혜로 '늙음의 원인이 태어남'이라는 사실을 분명하게 규명했다는 점을 눈여겨봐야 한다.

늙은이의 모습을 보고 경각심이 생겨난 왕자는 그날 이후로 우울하게 지냈다. 왕은 그 모습을 보고 왕자가 출가하여 정등각자 부처님이 될 것이라던 예언이 떠올라 늙은 사람이나 병든 사람, 죽은 사람이나 출가한 사문의 모습을 보지 못하게 더욱 경비를 강화하고 궁전에 더 많은 시녀와 무희들을 배치하였다.

4개월 뒤, 왕자가 다시 정원에 나갔다. 왕이 경비를 강화했지만 천신이 이번에는 병자의 모습으로 나타났다. 왕자는 그 모습을 보고 '태어난 이에게는 병듦이 반드시 따라오는구나! 나도 그것에서 벗어나지 못하는구나!'라는 경각심이 생겨서 돌아온다.

그로부터 4개월 뒤, 이번에는 죽은 이를 보게 된다. 그 역시 천신이 변신하여 나타난 것이다. 왕자는 그 모습을 보고 '태어난 이에게는 반드시 죽음이 따라오는구나! 나도 그것에서 벗어나지 못하는구나!'라고 경각심이 생겨서 돌아온다.

다시 4개월 뒤, 이번에도 역시 정원을 향해 가던 왕자는 머리카락과 수염을 깨끗이 깎고 나무껍질로 염색한 가사를 입은 사문의 모습을 보았다. 그도 역시 천신이 변신하여 나타난 것이다.

그가 누구인지 묻는 왕자의 질문에 마부는 "왕자시여, 저분은 사문이라고 합니다."라고 대답했다. 아직 부처님께서 출현하시지 않은 때라 마부는 사문이나 사문의 공덕을 알지 못했지만 천신의 신통력으로 그렇게 대답한 것이다. 그리고 이어서 머리카락과 수염을 깨끗이 깎고 나무껍질로 염색한 가사를 입고, 십선행을 행하며, 중생들에 대한 성냄 없이 그들의 행복을 위해 사는 사문의 공덕에 대해 설명했다.

왕자가 직접 사문에게 나아가 다시 묻자 사문은 마부가 말한 것과 같은 내용으로 답했다. 왕자는 사문과의 만남으로 인해 출가하고자 하는 마음이 생겨났다. 그래서 그날은 성으로 돌아가지 않고 그대로 정원으로 나아갔다.

정원에서 하루 종일 지낸 왕자가 왕궁으로 돌아가려고 마차에 올랐을 때 야소다라 비가 아들을 낳았다. 왕은 전령을 보내 왕자에게 즉시 그 사실을 알렸고 소식을 들은 왕자는 "라후(장애)가 생겨났구나, 큰 속박이 생겨났구나."라고 탄식했다. 그 말을 들은 전령은 바로 왕궁으로 달려가서 자초지종을 아뢰자 그 이야기를 들은 왕은 손자의 이름을 '라훌라(Rahula)'라고 지었다.

왕자의 나이 스물아홉 살이 되던 음력 6월 보름날, 그는 전륜성왕의 부귀영화를 버리고 위대한 출가를 하게 된다.

왕자는 마부 찬나가 끄는 깐다까를 타고 성을 나와 하룻밤 동안에 사끼야 국, 꼴리아 국, 말라 국의 세 나라를 지나 30요자나 거리에 있는 아노마 강에 도착했다. 강을 건넌 왕자는 찬나에게 "그대는 나의 장신구를 가지고 깐다까와 함께 돌아가라. 나는 출가하리라." 하고 말했다. 마부 찬나는 자기도 함께 출가하겠다고 하였지만 왕자는 세 번 계속해서 거절하고 장신구와 말을 찬나에게 넘겨주었다.

왕자가 마부 찬나에게 "너는 왕궁으로 돌아가서 내가 잘 지낸다고 전하라."고 말하고 떠나가자 찬나는 왕자를 향해 예경을 올리고 깐다까와 함께 돌아섰다. 깐다까는 왕자가 시야에서 사라지자 '아, 두 번 다시 주인을 뵐 수 없구나'라는 생각에 슬픔을 가누지 못하고 그만 심장이 터져 죽고 말았다. 찬나는 왕자와의 이별이라는 슬픔에다가 깐다까의 죽음이라는 슬픔까지 안고 슬피 통곡하며 성으로 돌아갔다.

수행과 성도

싯닷타 수행자는 출가한 후 처음 일주일 동안 근처의 아누삐야 망고 숲에서 출가의 행복을 누리며 지내다가 마가다국의 수도인 라자가하(왕사성)로 향했다. 30요자나가 되는 거리를 걸어서 하루 만에 라자가하에 도착한 왕자는 집집마다 차례로 탁발을 하였다. 위의를 갖추고 탁발하는 그의 모습을 보고 사람들이 큰 소란을 일으켰고 왕의 신하들은 그 사실을 왕에게 보고하였다. 그 당시 마가다국을 다스리던 빔비사라 왕도 신하들에게 그를 잘 주시하라고 일렀다.

탁발을 마친 싯닷타 수행자는 도시를 떠나 빤다와 산의 기슭에서 동쪽을 향해 앉아 공양을 시작했다. 사실 그는 출가하기 전까지 29년 동안 왕자로서 기후에 따라 쾌적하게 지내도록 지어 놓은 훌륭한 궁전에서 귀하고 맛있는 음식만 먹고 살았다. 그런 그가 탁발해서 얻은 거친 음식을 먹자 장이 뒤틀리며 먹은 음식을 토할 것 같았다. 하지만 그는 '훌륭한 음식을 버리고 사문이 입는 가사와 사문이 먹는 탁발 음식을 바라며 출가하지 않았는가'라며 스스로를 훈계하고 담담히 공양을 하였다.

그 모습을 본 신하들이 왕에게 그대로 보고하였고 왕은 즉시 싯닷타 수행자에게 갔다. 위의를 갖춘 싯닷타 수행자의 모습에 마음이 흡족해진 왕은 그에게 일체의 왕권을 넘기고자 하였다. 그러나 싯닷타 수행자는 "왕이시여, 내게는 대상으로서의 감각 욕망, 번뇌로서의 감각 욕망이 아무런 의미가 없습니다. 나는 최상의 깨달음을 얻고자 출가하였습니다."라며 왕의 제안을 거절하였다.

아무리 여러 가지 방법으로 설득해도 싯닷타 수행자가 승낙을 하지 않자 왕은 "당신은 틀림없이 붓다가 되실 것입니다. 만약 붓다가 되신다면 제일 먼저 저의 나라를 방문해 주십시오."라고 청하여 약속을 받은 후에 물러났다.

부처님께서는 이런 연유로 나중에 성도하고 첫 안거를 마치신 후 마가다국의 라자가하로 오시게 된다.

먼저 스승을 찾아야겠다고 생각한 싯닷타 수행자는 당대 최고의 선정 수행자로 알려진 알라라 깔라마와 우다까 라마뿟따를 떠올렸다. 당시 인도에는 '육사외도'라 하여 뿌라나 깟사빠, 아지따 께사깜발라, 빠꾸다 깟짜야나, 막칼리 고살라, 산자야 벨랏티뿟따, 니간타 나타뿟따라는 유명한 여섯 명의 수행자가 있었다. 그들은 스스로 깨쳤다고 주장하면서 큰 세력을 형성하고 있었지만 싯다타 수행자는 그들에게 가지 않았다. 그것은 이미 91대겁 전부터 그들의 교리체계와 실천체계에 핵심이 없다는 사실을 알고 있었기 때문이다.

싯닷타 수행자는 그들과 달리 실제 수행체계를 가지고 있었고 또한 그대로 실천하고 있는 알라라 깔라마를 먼저 찾아가 가르침을 청했다. "깔라마 존자여, 그대의 가르침과 계율에 따라 청정한 삶을 살고자 합니다."

그러자 알라라 깔라마는 "나의 가르침은 지혜로운 이라면 머지않아 스승과 동일한 경지를 스스로 알고 깨닫고 성취하는 가르침입니다."라고 하면서 싯닷타 수행자를 받아들였다.

싯닷타 수행자는 알라라 깔라마의 가르침을 배웠다. 하지만 그 가르침이 이론이나 확신만이 아니라는 사실을 알고는 실제 수행에 관해 물었고, 알라라 깔라마는 무색계 3선정인 무소유처를 가르쳐 주었다. 그대로 실천하고 며칠이 지나자 싯다타 수행자는 알라라 깔라마처럼 무소유처無所有處를 얻게 되었다. 이는 수없이 많은 생 동안 바라밀을 행하면서 그런 선정을 닦아 왔기 때문이리라.

싯닷타 수행자는 알라라 깔라마에게 자신의 성취를 알렸다. 그의 성취가 자신의 성취와 동일하다는 것을 알게 된 알라라 깔라마는 매우 기뻐하며 싯다타 수행자에게 함께 제자들을 지도하자고 제안했다. 자신의 제자들을 반으로 나누어서 자신과 같은 입장, 같은 위치에서 가르칠 것을 제안한 것이다. 그리고 제자들에게도 그 사실을 알렸고 신도들에게도 싯닷타 수행자에게 먼저 공양을 하게 했다.

수행을 지도 받던 이가 와서 '나도 당신과 같은 경지를 성취했다'고 했을 때 자기와 같은 위치에서 제자를 가르치자고 하는 스승은 매우 드물다. 질투와 인색 때문이다. 하지만 알라라 깔라마는 싯다타 수행자가 자신과 동등한 무색계 3선정을 얻었다는 사실을 알고 자신의 교단을 나눠주려고 했다. 그런 점에서 알라라 깔라마는 훌륭한 수행자라고 할 수 있다.

싯닷타 수행자는 무소유처로는 무색계 천상에 태어나 오랜 수명을 누리기는 하지만 여전히 윤회의 고통에서 벗어나지 못한다는 것을 깨닫고 알라라 깔라마를 떠났다. 알라라 깔라마의 가르침을 통해 얻은 무소유처로는 지혜로 나아갈 수도 없고, 깨달음을 얻을 수도 없으며, 열반으로 나아갈 수도 없다는 것을 알고 그곳을 떠난 것이다.

알라라 깔라마를 떠난 싯닷타 수행자는 이번에는 우다까 라마뿟따라는 스승을 찾아갔다. 우다까는 이름이고 라마뿟따는 '라마'라는 사람의 아들 혹은 제자라는 뜻이다. 우다까의 스승 라마는 무색계 제4선정인 비상비비상처非想非非想處를 증득해서 가르쳤으나, 싯닷타 수행자가 방문했을 때 우다까는 아직 무색계 4선정을 증득하지 못하고 있었다.

싯닷타 수행자는 우다까에게 라마의 가르침을 물었고 우다까는 자신의 스승 라마의 가르침인 비상비비상처를 가르쳐 주었다. 그대로 수행하자 2, 3일 만에 무색계 4선정인 비상비비상처를 얻었고, 싯다타 수행자는 우다까에게 자신의 성취를 알렸다. 그러자 우다까는 매우 기뻐하며 자신의 스승의 성취와 싯다타 수행자의 성취가 동일하니 자신의 스승으로서 모든 제자들을 지도해 달라고 청한다. 자신이 성취하지 못한 사실을 바르게 말하고 또한 성취한 이를 스승으로 모시겠다고 한 우다까도 훌륭한 수행자라고 할 수 있다.

하지만 싯닷타 수행자는 이번에도 다음과 같이 생각을 했다.

'비상비비상처를 증득하고 죽으면 무색계 제4선천인 비상비비상천에 나게 될 뿐이다. 그곳의 수명이 아무리 길다 하더라도 수명이 다하면 인간 세상이나 욕계 천상에 태어날 수 있고, 그러면 다시 악처로 떨어질 수도 있다. 이것은 완전히 윤회를 벗어나게 하는 법이 아니고 열반을 증득하게 하는 길도 아니다.'

싯닷타 수행자는 무소유처와 비상비비상처를 증득했지만 그 같은 선정만으로는 완전한 해탈에 이를 수 없다는 것을 깨닫고 위없는 열반을 구하기 위해 다시 길을 떠났다.

그 후 싯닷타 수행자는 최상의 선, 위없는 열반을 구하여 마가다국을 유행하다가 세나 마을 근처의 우루웰라 숲에 이르렀다. 그곳은 울창한 나무들로 둘러싸여 매우 고요하였고 근처에 네란자라 강도 흐르고 있었다. 또한 탁발할 마을도 가까이에 있는 곳이었다. 싯닷타 수행자는 그곳이 수행하기에 적당한 곳이라고 생각하고 우루웰라 숲에 머물면서 고행을 시작했다.

싯닷타 왕자의 명명식 후 미리 출가했던 다섯 수행자들도 그 소식을 듣고 우루웰라 숲으로 와서 싯닷타 수행자를 시봉하며 같이 지냈다.

처음 우루웰라 숲에 머물려 할 때 어떻게 하면 번뇌와 속박을 불태워버릴 수 있을까 생각하던 싯닷타 수행자에게 다음과 같은 비유가 떠올랐다.

'물속에 잠겨 젖어 있는 나무로는 불을 피울 수가 없다. 또 물에서 건져 올렸지만 아직 젖어 있는 나무로도 불을 피울 수 없다. 오직 마른 나무로만 불을 피울 수 있다. 마찬가지로 감각 욕망에 젖어 있거나 아직 감각 욕망을 완전히 버리지 못했다면 올바른 깨달음에 이르지 못할 것이다. 감각 욕망으로부터 완전히 떠나야만 올바른 깨달음에 이를 수 있다.'

 싯닷타 수행자는 모든 감각 욕망을 제거하고 깨달음을 얻고야 말겠다는 굳은 각오로 고행을 시작했다. 당시에는 엄격한 고행을 실천하는 수행자들이 많았다. 그들은 고행을 통해 고통을 겪으면 겪는 만큼 과거에 지은 불선업들의 결과가 사라져 그 불선업들로부터 완전히 벗어날 수 있다고 생각했기 때문에 육체를 괴롭히는 고행을 엄격하게 실천했다.

 그리하여 그곳 우루웰라 숲에서 싯닷타 수행자는 숨을 쉬지 않는 고행, 음식을 끊는 고행 등 매우 극심한 고행을 감행했다. 숨을 쉬지 않자 마치 요란한 풀무 소리처럼 큰 바람 소리가 귀를 울렸고, 마치 힘센 사람이 칼로 머리를 쪼개는 듯했으며, 머리를 단단한 가죽끈으로 조이는 듯한 고통이 생겨났다. 푸줏간 주인이 날카로운 칼로 황소의 창자를 잘라내는 것처럼 극심한 고통과, 뜨거운 석탄 화로에 몸이 던져진 것처럼 타는 듯한 고통을 느꼈다. 그래도 싯닷타 수행자는 고행을 멈추지 않았다.

 거의 음식을 먹지 않는 고행을 계속하자 몸이 극도로 쇠잔해져, 사지의 관절이 툭 불거져 나왔고 엉덩이는 쭈그러졌으며 등

부처님 고행상

뼈는 울퉁불퉁한 마디가 다 드러나고 갈비뼈도 마치 오래된 집의 서까래처럼 앙상하게 되었다. 뱃가죽이 등에 붙어 배를 만지면 등뼈가 만져졌고, 등을 만지면 뱃가죽이 잡힐 정도였다. 대소변을 보려고 일어나면 앞으로 고꾸라졌고, 손으로 사지를 문지르면 털이 뿌리까지 몸에서 떨어져 나갔다.

이렇게 6년 동안 극심한 고행을 하면서 거의 죽음의 문턱에 이르게 되자 황금색이었던 몸은 검게 변했고 32상은 가려져 버렸다. 그럼에도 불구하고 깨달음이라는 목표에는 조금도 다가가지 못했다.

싯닷타 수행자는 인간으로서 할 수 있는 최대한의 고행을 6년 동안이나 했음에도 불구하고 깨달음을 얻겠다는 목표에 조금도 가까이 가지 못하자, '과거·현재·미래에 나보다 더한 고행을 한 사람은 없을 것이다. 고행은 바른 방법이 아니다. 분명 바른 방법이 있을 것이다'라고 사유했다.

그러다가 어린 시절 농경제 때 나무 그늘 밑에서 호흡에 대한 새김으로 선정에 들었던 것을 기억해 냈다. 그리고 호흡을 통한 선정, 그것이 일체지를 얻는 바른 길, 바른 방법이다'라고 깨닫고는 '감각 욕망으로부터 떠남에 의해 얻어지는 그 선정을 왜 두려워할 것인가? 하지만 고행 후의 허약해진 몸으로는 그것을 성취하기 어렵다. 그러니 음식을 먹으면 좋으리라'고 생각하고 마침내 6년이란 긴 세월 동안의 극심한 고행을 끝내고 음식을 먹기 시작했다. 그때가 싯닷타 수행자의 나이 서른다섯 살 되던 해 음력 4월 초이다.

싯닷타 수행자가 6년간의 고행을 멈추고 음식을 먹기 시작하자 32상이 본래대로 나타나고 몸이 다시 황금색으로 돌아왔다. 싯닷타 수행자가 고행을 계속하는 동안 곁에서 시봉했던 다섯 수행자들은 그 모습을 보고 실망하여 '고행을 열심히 했는데도 불구하고 깨달음을 얻지 못했는데 고행을 포기하고 음식을 먹으면서 어떻게 깨달음을 얻겠는가? 사문 고따마는 타락했다'라고 말하고 그를 떠나 미가다야(녹야원鹿野園)로 가버린다.

호흡챙김 수행을 하며 지내던 싯닷타 수행자는 음력 4월 14일 새벽에 다섯 가지 꿈을 꾸었다. 첫째는 머리는 히말라야 산을 베고, 왼팔은 동해, 오른팔은 서해, 두 발은 남해에 걸치고 잠들어 있는 꿈이었다. 둘째는 배꼽에서 풀이 솟아 하늘을 떠받치는 꿈이었고, 셋째는 몸통은 희고 머리는 검은 벌레가 온몸을 뒤덮는 꿈이었다. 넷째는 푸른색, 황금색, 붉은색, 회색의 네 가지 색을 띤 새가 날아와 발밑에 엎드리자 그 새들이 흰색으로 변하는 꿈이었고, 다섯째는 배설물 덩어리 위에서 경행을 해도 발이 전혀 더러워지지 않는 꿈이었다.

잠에서 깨어난 싯닷타 수행자는 꿈에 대해 스스로 다음과 같이 해석했다. 첫째 꿈은 일체지를 얻어 정등각자 부처님이 되는 것을, 둘째 꿈은 바른 깨달음을 설법하는 것을, 셋째 꿈은 흰 옷 입은 재가자들이 삼귀의 하는 것을, 넷째 꿈은 왕족, 바라문, 평민, 천민 등 사성계급에 관계없이 모든 사람들이 수행을 해서 아라한이 되는 것을, 다섯째 꿈은 정등각을 이룬 다음 가사, 음식, 거처, 약 등을 비롯한 필수품들을 얻지만 거기에 마음이 물들지 않는 것을 나타낸다고 해석했다. 그리고는 '나는 오늘 틀림없이 깨달음을 이룰 것이다'라고 결론을 내렸다.

드디어 동이 텄고, 음력 4월 보름이 되었다. 싯닷타 수행자는 몸을 깨끗이 한 후 우루웰라 숲을 떠나 근처에 있는 반얀 나무 밑에 자리를 잡고 동쪽을 향해 앉았다. 이날따라 그의 몸은 더욱 빛이 났다.

한편, 우루웰라 숲이 있는 세나 마을에는 세나니라는 장자가 살고 있었다. 그의 딸인 수자따는 반얀 나무 목신에게 '좋은 곳에 시집가면 평생 공양을 올리겠습니다'라고 기도를 하곤 하였다. 수자따는 자신의 기도가 성취되었기에 매년 음력 4월 보름날마다 반얀 나무 목신에게 유미죽 공양을 올렸다. 마침 그날도 음력 4월 보름날이어서 수자따는 목신에게 공양을 올리기 위해 정성스럽게 유미죽을 마련하고 하인에게 나무 주위를 청소하도록 했다. 반얀 나무가 있는 곳으로 간 하인은 찬란하게 빛을 내며 나무 밑에 있는 싯닷타 수행자를 발견하고 급히 돌아가 수자따에게 그 사실을 알렸다.

수자따는 매우 기뻐하며 10만 냥의 가치가 있는 황금 그릇에 유미죽을 담고 다른 황금 그릇으로 그것을 덮어 반얀 나무가 있는 곳으로 갔다. 광채를 내며 나무 밑에 앉아 있는 싯닷타 수행자를 보고 반얀 나무의 목신으로 확신한 수자따는 기뻐하며 가까이 다가가 황금 그릇을 열었다. 수자따가 물을 따르자 싯닷타 수행자는 오른손으로 물을 받았다. 그러자 수자따는 유미죽이 담긴 황금 그릇을 싯닷타 수행자의 두 손에 놓으며 "황금 그릇과 함께 이 유미죽을 공양 올립니다. 저의 소원은 성취되었으니 그대의 소원도 성취되기를 바랍니다."라고 하며 공양을 올리고 그 자리를 떠났다.

싯닷타 수행자는 반얀 나무를 오른쪽으로 돈 뒤 유미죽이 담긴 황금 그릇을 들고 네란자라 강둑으로 갔다. 그곳에는 숩빠띳티따라는 나루터가 있었다. 싯닷타 수행자는 잠시 황금 그릇을 내려놓고 강에 들어가 목욕을 마친 후 나무 그늘 아래에서 동쪽을 향해 앉았다. 그리고 유미죽을 잘 익은 야자수 씨앗 정도 크기의 물기가 거의 없는 49개의 환으로 만들어 공양했다. 그것은 나중에 정등각자 부처님이 되고 난 후 49일 동안 다른 음식을 먹지 않고 아라한과의 행복을 누리며 지낼 때의 영양분이 되었다.

네란자라 강둑의 살라 나무 동산에서 잠시 휴식을 취한 싯닷타 수행자는 호흡챙김 수행을 통해 선정에 들었다. 그것을 바탕으로 여덟 가지 세간 선정과 다섯 가지 세간 신통을 얻은 뒤 황혼녘에 천신들이 장식해 놓은 길을 따라 마치 사자처럼 장엄한 걸음걸이로 보리수를 향해 나아갔다.

그때 마침 솟티야라는 사람이 풀을 가지고 걸어오다가 싯닷타 수행자에게 여덟 묶음의 풀을 올렸다. 그 풀을 길상초라고 한다. 싯닷타 수행자는 길상초를 들고 보리수 뿌리가 위로 솟아 다른 부분보다 높아진 곳으로 올라가 남쪽에서 북쪽을 향해 섰다. 그러자 남쪽은 마치 아비지옥에 닿을 것처럼 가라앉았고 북쪽은 세계 중에서 제일 높은 세상인 유정천에 닿을 것처럼 높이 솟아올랐다. 싯닷타 수행자는 '이곳은 깨달음을 증득할 곳이 아니다'라고 생각하고 다시 오른쪽으로 돌아 서쪽에 서서 동쪽을 향했다. 이번에도 땅이 기울었고 그는 다시 오른쪽으로 돌아 북쪽에 서서 남쪽으로 향했다. 이번에도 또 땅이 기울자 마지막으로 동쪽에 서서 서쪽을 향했다.

보리수의 동쪽은 모든 부처님의 보리좌가 있던 곳이기 때문에 결코 기울어지거나 흔들리지 않았다. 그는 '이곳은 모든 부처님들이 버린 적이 없는 곳, 흔들리지 않는 곳, 번뇌를 부수었던 승리의 자리이다'라고 알고 그곳에 여덟 묶음의 길상초를 흩어 뿌렸다. 그러자 길상초는 어떤 화가나 조각가도 흉내 낼 수 없는 14완척 규모의 매우 훌륭한 보리좌로 바뀌었다.

싯닷타 수행자는 보리좌에 오른 다음 보리수를 등지고 동쪽을 향한 채 네 가지 정진의 결의를 하였다. '피부만 남을 테면 남아라. 힘줄만 남을 테면 남아라. 뼈만 남을 테면 남아라. 살과 피가 다 말라 없어질 테면 없어져라. 정등각을 얻지 못한다면 나는 이 결가부좌를 절대 풀지 않으리라.' 이같이 결의를 한 뒤 불패의 결가부좌로 앉았다.

4월 보름날 태양이 서쪽으로 완전히 기울어지기 전, 달이 동쪽에서 막 떠오를 때 싯닷타 수행자는 깨달음을 향해 마음을 기울이고 있었다. 4아승기와 10만 대겁 동안 닦은 바라밀과 6년간의 고행으로 번뇌의 힘은 약해질 대로 약해졌고, 믿음, 정진, 새김,

삼매, 지혜라는 다섯 가지 기능의 힘은 강해질 대로 강해졌기 때문에 호흡챙김 수행으로 쉽게 색계 제4선을 증득했다.

그것을 바탕으로 초야에 숙명통을 증득했다. 자신의 전생을 기억하는 신통인 숙명통을 얻은 싯닷타 수행자는 수메다 행자로 처음 수기를 받은 생보다 더 이전의 생부터 도솔천에서 세따께뚜 천신으로 살았던 바로 앞 생에 이르기까지 어떤 이름, 종족, 용모, 수명 등으로 살았는지 상세하게 알게 되었다. 그리고 나서 '내가 전생에 또 그 이전의 전생에 수없이 태어났는데 이것은 전부 정신과 물질의 무더기일 뿐이구나. 나라고 할 만한 것은 없구나'라고 관찰하여 알았다. 숙명통을 통해 '정신, 물질 구별의 지혜'를 깨닫게 된 것이다.

그 다음, 중야에는 천안통을 증득했다. 자신을 제외한 다른 중생들의 과거 전생을 보는 천안통을 통해 많은 중생들이 전생에 어떤 이름, 종족, 용모, 수명으로 살았는지도 알게 되었다. 또한 '이 사람은 이런 선업을 지어 이런 좋은 세상에 태어나고, 저 사람은 저런 악업을 지어 저런 나쁜 세상에 태어나는구나'라고 알게 되었다. 그리고 '이런 원인에 의해 이런 결과를 받는 것이다. 원인과 결과만 있다'라고 관찰하여 알았다. 천안통을 통해 '조건 파악의 지혜'를 깨닫게 된 것이다.

마지막, 후야에는 모든 번뇌가 사라지는 누진통을 얻기 위해 수행했다. 모든 보살들은 마지막으로 누진통을 얻을 때 먼저 대금강관지를 수행한다. 1조 세계의 모든 존재들을 십이연기지로 나누고 그 각각을 '무상하다, 괴로움이다, 무아다'라고 관찰하는 것을 '36조 대금강관지'라고 한다. 싯닷타 수행자는 대금강관지를 더욱 날카롭게 하기 위해 호흡챙김의 제4선이라는 숫돌에 입정하여 그 날을 갈았다. 그러고 나서 제4선에서 출정하여 더욱 예리해진 대금강관지로 십이연기를 관찰했다. 이때 다른 모든 보살들과 마찬가지로 십이연기를 순관과 역관으로 관찰했다.

이렇게 '36조 대금강관지'를 통해 '명상의 지혜'를 닦은 후 다시 호흡챙김으로 제4선에 입정하여 지혜를 더욱 예리하게 한 뒤 출정하여 계속해서 위빳사나 지혜들에 대해 마음을 기울였다. 그러자 마치 긴 여행을 마친 뒤 집에 도달한 사람이 문지방에서 잠시 멈추는 일 없이 곧장 집으로 들어가듯이 '생멸의 지혜' 등 나머지 지혜들이 쉽게 연속적으로 생겨났다. 그리하여 '무너짐의 지혜', '두려움의 지혜', '허물의 지혜', '역겨움의 지혜', '벗어나려는 지혜', '재성찰의 지혜', '평온의 지혜'에 차례대로 이르렀다. 그리고 도를 증득하는 마음이 일어나 '수순의 지혜', '종성의 지혜'를 거쳐 수다원도의 지혜로 유신견, 의심, 실천과 의례에 대한 집착을 완전히 제거하면서 열반을 처음 알고 보았다. 그 다음에 바로 수다원과의 마음이 생겨났고 수다원이 되었다.

이어서 다섯 가지 반조의 지혜를 통해 반조를 한 뒤, 생멸의 지혜로부터 위빳사나 지혜를 닦았고, 거친 탐욕과 성냄을 제거하여 사다함이 되었다. 그런 다음에 다시 같은 차례를 거쳐 모든 감각 욕망과 성냄을 제거하여 아나함이 되었고, 마지막으로 과거 나쁜 습관과 함께 나머지 모든 번뇌들을 제거하여 아라한이 되었다.

아라한과를 증득함과 동시에 사무애해, 사무외지, 육불공지, 열여덟 가지 특별한 공덕, 그리고 일체지를 얻은 싯닷타 수행자는 나이 서른다섯 살 음력 4월의 보름날 동이 트기 직전, 드디어 삼계의 스승이신 정등각자 부처님이 되셨다.

부처님께서 성도하시자 일만 우주가 진동을 하였고 입태할 때, 탄생할 때와 마찬가지로 서른두 가지 위대한 징조가 생겨났다. 부처님께서는 당신이 얻은 깨달음에 대해 반조하자 마음속에 지극한 기쁨이 생겨나 과거 모든 부처님들과 마찬가지로 다음의 감흥어를 마음으로 읊으셨다.

한량없는 생의 윤회 속에서
집을 짓는 자를 찾아 구하였지만
깨달음을 얻지 못해 이리저리 헤매면서
거듭해서 태어났나니 이는 고통이었네.

아, 집을 짓는 자여
내 이제 너를 보았으니
너는 다시는 집을 짓지 못하리라.

깨달음을 얻으신 보리수나무

이제 너의 모든 서까래는 부서졌고
대들보는 산산이 조각났으며
나의 마음은 열반에 이르러
모든 갈애는 파괴되어 버렸네.

부처님께서는 깨달음을 얻으신 후 7주 동안 보리수 주변에서 자신이 깨달은 진리를 반조하며 열반의 기쁨을 누리며 보내셨다. 먼저 부처님께서는 보리좌에 앉아 다음과 같이 생각하셨다.

'나는 이 보리좌를 얻기 위해 4아승기와 10만 대겁 동안 계속 윤회를 거듭했다. 그 오랜 시간 동안 오로지 이 보리좌를 얻기 위해 아름답게 치장한 머리를 보시하였고, 곱게 화장한 두 눈과 심장을 도려내어 보시하였으며, 잘리와 같은 아들과 깐하지나와 같은 딸, 맛디와 같은 아내도 달라는 이에게 주었다. 이 자리는 승리의 자리이며 수승한 자리이다. 이곳에 앉아서 나의 서원은 성취되었다. 그러니 당분간 이곳에서 일어나지 않으리라.'

부처님께서는 그 자리에 앉아 그날 내내 아라한과의 제4선에 들어 해탈의 즐거움을 누리시다가 초야에는 십이연기를 순관과 역관으로 거듭 관찰하셨다.

이것이 있을 때 저것이 있다. 이것이 생겨나서 저것이 생겨난다.

즉, 무명을 조건으로 형성되는 것들이 있고, 형성되는 것들을 조건으로 의식이 있고, 의식을 조건으로 정신, 물질이 있고, 정신, 물질을 조건으로 여섯 감각장소가 있고, 여섯 감각장소를 조건으로 접촉이 있고, 접촉을 조건으로 느낌이 있고, 느낌을 조건으로 갈애가 있고, 갈애를 조건으로 취착이 있고, 취착을 조건으로 존재가 있고, 존재를 조건으로 태어남이 있고, 태어남을 조건으로 늙음과 죽음, 슬픔, 비탄, 고통, 근심, 절망 등의 모든 괴로움의 무더기가 있다.

이렇게 십이연기를 생겨나는 모습으로 관찰(순관)하고 나서 그

다음에는 십이연기를 소멸하는 모습으로 관찰(역관)하셨다.

이것이 없을 때 저것이 없다. 이것이 소멸하여 저것이 소멸한다.
즉, 무명이 소멸하여 형성되는 것들이 소멸하고, 형성된 것들이 소멸하여 의식이 소멸하고, 의식이 소멸하여 정신, 물질이 소멸하고, 정신, 물질이 소멸하여 여섯 감각장소가 소멸하고, 여섯 감각장소가 소멸하여 접촉이 소멸하고, 접촉이 소멸하여 느낌이 소멸하고, 느낌이 소멸하여 갈애가 소멸하고, 갈애가 소멸하여 취착이 소멸하고, 취착이 소멸하여 존재가 소멸하고, 존재가 소멸하여 태어남이 소멸하고, 태어남이 소멸하여 늙음과 죽음, 슬픔, 비탄, 고통, 근심, 절망 등의 모든 괴로움의 무더기가 소멸한다.

부처님께서는 이렇게 십이연기를 순관과 역관으로 거듭 관찰하시자 윤회에서 고통의 발생 과정과 고통의 소멸 과정이 더욱 명료해졌고, 분명해진 법으로 인해 마음에 희열이 가득 넘쳐흘러 이렇게 감흥어를 소리 내어 읊으셨다.

열심히 정진하여 명상에 든 바라문에게
깨달음 동반법이 분명하게 드러난다.

그리하여 모든 의심이 사라지나니
원인과 함께 결과를 알기 때문이다.

이렇게 부처님께서는 성도한 첫째 날 밤의 초야, 중야, 후야에 걸쳐 십이연기를 순관과 역관으로 관찰하며 감흥어를 읊으셨고, 다음날도 다른 시간에는 아라한과에 입정하여 해탈의 지복을 누리시고 밤에는 마찬가지로 연기를 순관과 역관으로 관찰하고 감흥어를 읊으시며 일주일을 보내셨다.

그다음 한 주는 보리좌의 북동쪽으로 내려와 황금 기둥처럼 꼿꼿하게 서서 '오, 나는 이 보리좌에서 일체지를 증득하였도다'라고 생각하면서 4아승기와 10만 대겁 동안 닦은 바라밀의 결과로 아라한 도의 지혜와 일체지를 얻은 그 불패의 보리좌와 보리수를 눈 한 번 깜박거리지 않고 일주일 동안 응시하면서 보내셨다.

셋째 주에는 깨달음을 얻은 보리좌와 그 보리좌를 응시하신 곳 사이에서 경행을 하시고 법에 대해 반조하고 과에 입정하여 일주일을 보내셨다.

넷째 주는 보리수의 북서쪽에서 『논장(Abhidhamma Pitaka)』을 숙고하면서 보내셨다.

다섯째 주는 보리수의 동쪽에 있는 아자빨라 반얀 나무 아래로 자리를 옮겨 법을 숙고하며 과의 선정을 즐기면서 보내셨다. 이때 부처님께서는 '아무도 존중할 사람이 없고, 의지할 사람이 없이 머문다는 것은 괴로움이다. 참으로 나는 어떤 사문이나 바라문을 존경하고 의지하여 머물러야 하는가?'라고 생각하고 지계, 삼매, 지혜, 해탈, 해탈지견의 공덕이 부처님보다 뛰어난 존재를 찾으셨다. 하지만 삼계의 어디에서도 그러한 존재를 찾지 못하자 '내가 바르게 깨달은 이 법을 존중하고 의지하며 지내리라'고 결정하셨다.

여섯째 주는 보리수의 남동쪽에 있는 무짤린다 나무 아래로 자리를 옮기시고는 '열반의 행복을 즐기면서 지내는 이에게는 그가 어디에 머물든 행복이 생겨난다'라는 사실을 반조하시고 기뻐하면서 이렇게 감흥어를 읊으셨다.

네 가지 재생 근거로부터 멀리 떠남
네 가지 도의 지혜로 만족함은 행복이다.
법을 듣고 법을 보는 이가 화내지 않고
자애심을 두는 것은 지극한 행복이다.
생명에 대해 해치지 않음도 행복이다.

세상의 감각 욕망을 뛰어넘어
애착 없음도 행복이다.
나라고 하는 자만을 제거함이
최상의 행복이다.

일곱째 주는 보리수의 남쪽에 있는 라자야따나 나무 아래로 자리를 옮겨 아라한과의 행복을 누리며 지내셨다.

이때 그 근처를 지나가던 따뿟사와 발리까라는 두 형제 상인이 부처님께 쌀과자와 꿀떡으로 공양을 올렸다. 부처님께서는 쌀과자와 꿀떡을 받아 공양하신 후 두 형제에게 축원 법문을 해 주셨다. 법문을 들은 두 형제는 부처님과 부처님의 가르침에 귀의하였다. 두 형제는 부처님과 부처님의 가르침에 귀의한 최초의 재가신자가 되었다.

두 형제가 '예경 드릴만한 것이 무엇이든지 있었으면 합니다'라고 청하자 부처님께서는 당신의 머리카락을 기념으로 주셨다. 두 형제는 고향인 미얀마로 돌아가 탑을 세우고 그 안에 부처님의 머리카락을 모셨다.

전법과 교화

초전법륜

부처님께서는 정등각을 성취하신 날로부터 50일째가 되는 음력 6월 상현의 6일 날, 다시 아자빨라 나무 아래에 앉아 자신이 증득한 법의 심오함에 대해 숙고했다.

'내가 증득한 이 법은 너무나 심오하고, 보기 어렵고, 깨닫기 어려워 오직 지혜로운 사람만이 이해할 수 있다. 그러나 사람들은 집착을 즐기기 때문에 연기緣起나 열반을 보기 어렵다. 그러니 내가 이 법을 사람들에게 가르치더라도 이해하지 못할 것이며 그것은 나에게 피곤함만을 가져다줄 것이다.'

그렇게 숙고하시자 다른 사람들에게 법을 설하지 않으려는 생각이 생겨났다. 부처님께서 보살로서 처음 수기를 받고 부처가 되기를 서원하셨을 때 '나도 깨닫고 다른 사람도 깨닫게 하리라. 나도 윤회에서 벗어나고 다른 사람도 벗어나게 하리라'는 서원을 세웠음에도 불구하고 왜 정득각자가 되신 후에 법을 설하지 않으려는 생각을 하셨을까?

부처님께서 법을 설하실 때는 두 가지 조건이 갖추어져야 한다. 첫째는 중생들에 대한 대연민심이 있어야 한다는 내적 조건이고, 둘째는 세상 사람들이 숭배하는 대범천大梵天의 권청이 있어야 한다는 외적 조건이다.

그때 범천 사함빠띠가 그 사실을 알고 다른 천신들과 함께 내려와 간곡하게 권청을 했다.

"세존이시여, 세상에는 지혜라는 눈에 번뇌의 티끌이 적은 중생들도 많이 있습니다. 그러한 중생들이 부처님의 가르침을 듣지 못한다면 그들이 얻을 수 있는 특별한 법을 놓치게 될 것입니다. 부처님께서 설하실 가르침을 이해할 수 있는 이들도 분명히 있을 것입니다."

그렇게 대범천이 권청을 함으로써 드디어 설법을 하기 위한 모든 조건이 갖추어졌다. 부처님께서는 먼저 불안佛眼으로 중생들의 근기와 성향에 대해 고려하고 그들에게 있을 이익을 살펴보신 뒤 마침내 설법을 선언하셨다.

열반에 들어가게 하는 팔정도라는
불사의 문이 열렸으니 귀 있는 자는
신심을 내어 법문을 들어라.

부처님께서는 법을 설하시리라고 선언하신 후 '누구에게 이 법

초전법륜지 사르나트(녹야원)

을 제일 먼저 설할 것인가?'를 반조하다가 출가해서 가장 먼저 찾아갔던 알라라 깔라마를 떠올리셨다. 그러나 신통력으로 살펴보니 알라라 깔라마가 7일 전에 세상을 떠났음을 아시고는 "크게 잃었다, 크게 잃었다."라고 하셨다. 알라라 깔라마가 죽은 것을 아신 부처님께서는 이번에는 우다까 라마뿟따를 떠올리셨다. 그러나 신통력으로 살펴보니 그도 역시 전날 밤에 죽은 것을 아시고 "크게 잃었다, 크게 잃었다."라고 하셨다. 부처님께서는 다시 '이 두 사람이 없으니 누구에게 법을 설할 것인가?'를 숙고하시다가 '내가 6년 동안 고행을 할 때 시중들어 준 다섯 수행자들이 있었다. 그들은 나에게 많은 도움을 주었다. 그들에게 법을 설하리라'고 생각하셨다. 부처님께서는 그들이 지금 미가다야에 있는 것을 아시고 며칠간 근처에서 탁발하며 지내시다가 음력 상현의 보름날 아침 일찍 가사와 발우를 수지하고 다섯 수행자들에게 법을 설하기 위해 미가다야로 출발하셨다.

  부처님께서는 미가다야까지 18요자나의 거리를 걸어서 가시는 도중에, 나중에 법을 듣고 아나함이 될 인연이 있음을 아시고, 우빠까라는 사명외도(나체고행자)를 만난다. 우빠까는 훗날 부처님을 찾아와 출가를 하였고 수행해서 아나함이 되었으며, 죽은 후 무변천에 태어나 아라한이 되었다.

  음력 6월 보름 늦은 오후, 부처님께서는 드디어 미가다야에 도착했다. 그곳에는 부처님이 우루웰라에서 고행을 포기하고 음식을 섭취하는 것을 보고 '고따마가 타락했다'고 생각하여 그곳을 떠났던 꼰단냐, 밧디야, 왑빠, 마하나마, 앗사지라는 다섯 수행자가 수행을 하고 있었다.

다섯 수행자는 멀리서 부처님께서 오시는 모습을 보고 '타락한 고따마가 오더라도 예경하여 맞지는 말자. 단지 자리만 허락하자'고 서로 약속했다. 부처님께서는 그런 그들의 마음을 아시고 특별히 그 다섯 수행자에게 자애를 보내며 다가가셨다. 다섯 수행자는 부처님의 자애에 감동하여 자기도 모르게 예경을 하고, 발우를 받아 들고, 자리를 준비하고, 마실 물과 씻을 물을 내어드렸다.

다섯 수행자들은 그렇게 예의를 갖추면서도 부처님을 '아우소(도반)'라고 불렀다. 아직 부처님이 되신 것을 알지 못했기 때문에 같은 위치에 있는 도반들을 부를 때 쓰는 호칭을 쓴 것이다. 그러자 부처님께서는 다음과 같이 말씀하셨다.

"나를 도반이라 부르지 말라. 나는 여래이며 정등각자이다. 내가 법을 설할 테니 그 법을 잘 듣고 그대로 실천하면 그대들도 출가한 목적을 이루리라."

하지만 다섯 수행자들은 "고행으로도 증득하지 못한 법을 편안하게 지내면서 어떻게 증득했단 말입니까?"라고 반박하면서 부처님 말씀을 믿지 않았다. 같은 말을 세 번이나 해도 그들이 믿지 않자 부처님께서는 방법을 바꿔 "내가 언제 그대들에게 이런 말을 한 적이 있었는가?"라고 물으셨다.

다섯 수행자는 그제서야 '고따마는 한 번도 자랑을 하거나 속인 적이 없다. 저 말은 진실일 것이다. 고따마는 진실로 정등각자 부처님이 되셨다'고 확신하게 되었다. 그들은 믿음과 존경심을 갖고 부처님을 '반떼(존자)'라고 불렀다.

음력 6월 보름 저녁, 태양이 서쪽으로 넘어가고 달이 동쪽에서 어둠을 밝히며 막 솟아올랐을 때 부처님께서는 자리를 옮겨 다섯 수행자에게 처음으로 가르침을 설하셨다. 그것은 4아승기와 10만 대겁 동안 각고의 노력으로 바라밀을 행한 결과 마침내 정등각자 부처님이 되어 처음으로 설하시는 가르침이었기 때문에 참으로 그 의미가 큰 가르침이었다.

부처님께서는 제일 먼저 중도中道의 가르침을 설하셨다.

"비구들이여, 출가자가 가까이하지 않아야 할 두 가지 극단이 있다. 무엇이 그 두 가지인가? 그것은 저열하고 천하고 범속하고 성스럽지 못하고 이익을 주지 못하는 감각 욕망에 대한 쾌락의 탐닉에 몰두하는 것과 괴롭고 성스럽지 못하고 이익을 주지 못하는 자기 학대에 몰두하는 것이다. 비구들이여, 여래는 이러한 두 가지 극단을 의지하지 않고 중도를 완전히 깨달았나니 이 중도는 안목을 만들고 지혜를 만들며 고요함과 최상의 지혜와 바른 깨달음과 열반으로 인도한다.

비구들이여, 그러면 어떤 것이 여래가 완전하게 깨달았으며 안목을 만들고 지혜를 만들며 고요함과 최상의 지혜와 바른 깨달음과 열반으로 인도하는 중도인가?

그것은 바로 여덟 가지 구성요소를 가진 성스러운 도(八支聖道)이니, 바른 견해(正見), 바른 사유(正思惟), 바른 말(正語), 바른 행위(正業), 바른 생계(正命), 바른 정진(正精進), 바른 새김(正念), 바른 삼매(正定)이다.

비구들이여, 이것이 바로 여래가 완전하게 깨달았으며 안목을 만들고 지혜를 만들며 고요함과 최상의 지혜와 바른 깨달음과 열반으로 인도하는 중도이다."

그리고 나서 부처님께서는 사성제를 설하셨다.

"비구들이여, 이것이 괴로움의 성스러운 진리(苦聖諦)이니, 태어남도 괴로움이다. 늙음도 괴로움이다. 병듦도 괴로움이다. 죽음도 괴로움이다. 슬픔, 비탄, 고통, 근심, 절망도 괴로움이다. 싫어하는 대상과 만나는 것도 괴로움이다. 좋아하는 대상과 헤어지는 것도 괴로움이다. 원하는 것을 얻지 못하는 것도 괴로움이다. 요컨대 취착의 대상인 다섯 가지 무더기(五取蘊) 자체가 괴로움이다.

비구들이여, 이것이 괴로움 생겨남의 성스러운 진리(苦集聖諦)

이니, 그것은 바로 다시 태어나게 하고, 즐김과 탐욕이 함께하며, 여기저기서 즐기는 갈애이다. 즉, 감각 욕망에 대한 갈애, 존재에 대한 갈애, 존재하지 않음에 대한 갈애이다.

비구들이여, 이것이 괴로움 소멸의 성스러운 진리(苦滅聖諦)이니, 그것은 바로 그러한 갈애가 남김없이 빛바래어 소멸함, 버림, 놓아버림, 벗어남, 집착 없음이다.

비구들이여, 이것이 괴로움 소멸로 인도하는 도 닦음의 성스러운 진리(苦滅道聖諦)이니, 그것은 바로 여덟 가지 구성 요소를 가진 성스러운 도이다. 즉, 바른 견해, 바른 사유, 바른 말, 바른 행위, 바른 생계, 바른 정진, 바른 새김, 바른 삼매이다."

이렇게 부처님께서 처음으로 법을 설하시자 그 법문이 일만 우주로 퍼져 나갔다. 그리고 부처님께서 입태할 때, 탄생할 때, 성불할 때와 마찬가지로 서른두 가지 현상들이 생겨났으며 1억 8천만 명의 천신들이 일제히 그곳으로 몰려들었다.

부처님께서 『초전법륜경』을 설해 마쳤을 때 다섯 수행자 중에서 최초로 꼰단냐가 법안이 열리며 수다원도와 과를 성취하여 수다원이 되었고, 그 자리에 모인 1억 8,000만 명의 천신들도 마찬가지로 수다원이 되었다. 욕계 천신들과 범천들은 누구도 법의 바퀴를 멈출 수 없다고 칭송했다.

부처님께서는 꼰단냐가 수다원이 된 것을 아시고 "오! 꼰단냐가 깨달았구나."라고 크게 기뻐하셨다. 그때부터 꼰단냐를 안냐 꼰단냐 존자, 즉 법의 안목을 가진 꼰다냐로 부르게 되었다.

수다원이 된 꼰단냐 존자는 부처님께 출가하고 싶다고 청했다. 부처님께서는 "오라, 비구여, 법은 잘 설해져 있다. 모든 고통을 끝내기 위해 청정범행을 구족하기 위해 실천하라."고 말씀하셨다.

부처님께서 『초전법륜경』을 설하신 그날 자정, 헤마와따 야차와 사따기라 야차가 "부처님께서 출현하셨다. 부처님께서 초전법륜을 설하실 것이다."라는 대화를 나누는 것을 듣고 깔리라는 여인이 수다원이 된다. 부처님 교단에서 여자 신도로서는 최초의 수다원이 된 것이다. 두 천신도 부처님께 가서 문답을 나누고 모두 수다원이 되었다.

다음날에도 부처님께서는 계속해서 법문을 설하셨다. 다섯 수행자들은 번갈아 탁발을 하며 수행에 전념하였고 왑빠, 밧디야, 마하나마, 앗시지의 순으로 매일 한 명씩 수다원이 되었다.

부처님께서는 이렇게 수다원이 된 다섯 수행자가 아라한이 되도록 하기 위해 음력 6월 하현의 5일, 두 번째로 법을 설하셨는데 그것이 『무아의 특징 경』이다.

"비구들이여, 물질은 무아다. 만일 물질이 자아라면 이 물질에는 고통이 따르지 않을 것이다. 그리고 자아인 물질에 대해서

'나의 물질은 이와 같이 되기를, 나의 물질은 이와 같이 되지 않기를'이라고 하면 그대로 될 수 있을 것이다.

비구들이여, 그러나 물질은 무아이기 때문에 물질에는 고통이 따른다. 그리고 물질에 대해서 '나의 물질은 이와 같이 되기를, 나의 물질은 이와 같이 되지 않기를'이라고 하더라도 그대로 되지 않는다.

비구들이여, 느낌은… 인식은… 형성된 것은… 의식은 무아다. 만일 의식이 자아라면 이 의식에는 고통이 따르지 않을 것이다. 그리고 자아인 의식에 대해서 '나의 의식은 이와 같이 되기를, 나의 의식은 이와 같이 되지 않기를'이라고 하면 그대로 될 수 있을 것이다.

비구들이여, 그러나 의식은 무아이기 때문에 의식에는 고통이 따른다. 그리고 의식에 대해서 '나의 의식은 이와 같이 되기를, 나의 의식은 이와 같이 되지 않기를'이라고 하더라도 그대로 되지 않는다."

다섯 비구는 이 법문을 듣고 마음에 어떤 집착도 없이 번뇌에서 해탈하여 아라한이 되었다. 단지 법문을 듣는 것만으로 아라한이 된 것이 아니라 설하시는 분도 부처님이었고 듣는 사람도 바라밀을 구족한 사람들이었기 때문에 법문을 듣고 바로 팔정도를 실천하여 수다원에서 빠르게 사다함, 아나함을 거쳐 아라한이 된 것이다. 이렇게 해서 이 세상에는 부처님을 포함해 모두 여섯 명의 아라한이 존재하게 되었다.

그때 히말라야 산에서는 아시따 선인의 말에 따라 그의 조카인 날라까가 출가하여 수행을 하고 있었다. 『초전법륜경』을 들은 천신들이 날라까에게 그 사실을 알리자 날라까는 곧바로 부처님이 계신 곳으로 갔다. 음력 6월 하현의 7일에 부처님께서 계신 미가다야에 도착한 날라까는 부처님의 법문을 듣고 그에 따라 열심히 정진하였고, 7개월 뒤 아라한이 되어 그 자리에서 반열반에 들었다.

전법선언

『초전법륜경』과 『무아의 특징 경』을 설하신 후 부처님께서 바라나시의 미가다야에서 첫 번째 안거를 지내실 때, 거부 장자의 아들인 야사를 비롯한 그의 친구 54명이 출가하여 부처님의 가르침에 따라 수행하여 아라한이 되었다. 어느 날 부처님께서는 60명의 아라한 제자들에게 다음과 같이 전법을 선언하셨다.

"비구들이여, 나는 천상과 인간, 그 모든 그물에서 벗어났다.
비구들이여, 그대들도 모두 천상과 인간, 그 모든 그물에서 벗어났다.
비구들이여, 길을 떠나라. 많은 이들의 이익을 위해, 많은 사람들의 행복을 위해서,

세상에 대한 연민심으로 인간과 천신들의 이익과 행복을 위해 길을 떠나라.
한 길을 두 사람이 가지 말라.
비구들이여, 처음과 중간과 끝이 모두 뛰어나고 의미와 표현을 갖춘 법을 설하라.
(부족함이 없이 모든 것이 구족되어) 원만하고 (악행의 때로부터 벗어나 계, 삼매, 지혜라고 하는) 청정한 행을 드러내 보여라. 지혜의 눈에 번뇌의 때가 적은 이들이 있다. 그들이 법을 듣지 못한다면 그들은 쇠퇴할 것이다. 법의 성품을 분명하게 깨달을 천신과 인간들이 분명히 나타날 것이다. 나도 이제 법을 설하기 위해 우루웰라로 가리라."

깟사빠 삼형제

부처님께서는 서른 명의 밧다왁기 왕자들을 제도한 후 우루웰라에 도착하셨다. 그곳에는 머리카락을 묶고 고행을 하는 결발수행자인 깟사빠 삼형제와 그들의 제자 1,000명이 불을 섬기며 지내고 있었다. 제일 큰형인 우루웰라 깟사빠의 제자는 500명, 둘째인 나디 깟사빠의 제자는 300명, 막내인 가야 깟사빠의 제자는 200명이었다.

부처님께서 그들을 제도하기 위해 우루웰라 깟사빠에게 가서 하룻밤 잠을 자게 해 달라고 청하자 그는 잘 곳이 없다고 거절했다. 몇 번이나 부탁을 해도 거절하자 부처님께서는 주위를 살펴보고 가까이에 불을 모시는 사당이 있는 것을 보고 그 사당에서라도 자게 해 달라고 부탁했다. 그는 사당에는 매우 치명적인 독을 가진 독룡이 살고 있어 안 된다고 또 거절했다.

부처님께서 두 번, 세 번 간청을 해도 그는 계속 거절하였다. 네 번째 요청 끝에 허락을 받은 부처님께서 사당 안으로 들어가 가부좌를 틀고 앉으시자 독룡이 나타나 화염을 내뿜었다. 부처님께서는 불 까시나를 대상으로 선정에 드신 후 더 강력한 화염을 내뿜어 독룡을 제압하셨다.

다음 날 아침, 부처님께서는 아무 일도 없었다는 듯이 사당 밖으로 나와 우루웰라 깟사빠에게 발우에 담아 온 독룡을 보여 주었다. 우루웰라 깟사빠는 부처님께서 신통으로 독룡을 굴복시키신 것을 보고 '아, 대단한 사람이구나. 하지만 아라한은 아닐 것이다'라고 생각했다. 그러면서도 부처님의 신통에 마음이 움직여 계속해서 공양을 올리겠다며 근처에 머물도록 권했다.

부처님께서는 가까운 숲에 머물면서 그들에게 크고 작은 열여섯 가지 신통을 보여주셨다.

우루웰라 깟사빠는 부처님께서 신통을 보여주실 때마다 대단한 사람이라고 감탄은 하면서도 여전히 아라한은 아닐 것이라고 생각했다.

그렇게 3개월이 흐른 어느 날, 부처님께서는 마침내 그의 근기가 성숙되었음을 아시고 "그대는 모든 번뇌가 다한 아라한이 아니다. 아라한도에 이른 것도 아니고, 아라한도와 과에 이르게 하는 실천을 하고 있는 것도 아니다."라고 분명하게 설명해 주셨다. 그제서야 우루웰라 깟사빠는 경각심이 생겨 부처님께 출가의 청을 드렸고, 부처님께서는 그에게 제자들의 동의를 받도록 권했다. 우루웰라 깟사빠가 자신의 제자들에게 출가의 뜻을 밝히자 제자들도 같이 출가하겠다고 말하였다.

우루웰라 깟사빠와 그의 제자 500명은 불을 모시는 데 쓰던 도구들을 모두 강에 떠내려 보내고 부처님께 출가를 청했다. 부처님께서 "오라, 비구들이여!"라고 하시자 그들의 머리가 저절로 삭발되고 의발이 갖춰지면서 모두 비구가 되었다.

그 이후로 둘째인 나디 깟사빠와 그 제자들, 막내인 가야 깟사빠와 그 제자들도 모두 차례대로 출가하여 비구가 되었다.

부처님께서는 그들의 근기가 성숙해지자 가야시사 산으로 데리고 갔다. 1,000명의 비구가 산 정상에 있는 코끼리 머리를 닮은 바위 위에 자리를 잡고 앉자 부처님께서는 그들에게 어떠한 법을 설할 것인지 숙고하셨다. '저들이 과거에 불을 숭배했기 때문에 불과 관련하여 법을 설하면 좋을 것이다'라고 생각하시고 『불타오름 경』을 설하셨다.

"비구들이여, 일체가 불타오르고 있다.

비구들이여, 그러면 어떤 일체가 불타오르고 있는가?

눈이 불타오르고 있다. 형색이 불타오르고 있다. 눈 의식이 불타오르고 있다. 눈 접촉이 불타오르고 있다. 눈 접촉을 조건으로 하여 생겨나는 즐겁거나 괴롭거나 괴롭지도 즐겁지도 않은 느낌이 불타오르고 있다.

그러면 무엇에 의해서 불타오르고 있는가?

'탐욕과 성냄과 어리석음으로 불타오르고 있다. 태어남, 늙음, 죽음, 슬픔, 비탄, 고통, 근심, 절망으로 불타오르고 있다'고 나는 말한다.

비구들이여, 이렇게 잘 배운 제자는 눈에 대해서도 염오하고, 형색에 대해서도 염오하고, 눈 의식에 대해서도 염오하고, 눈 접촉에 대해서도 염오하고, 눈 접촉을 조건으로 하여 생겨나는 즐겁거나 괴롭거나 괴롭지도 즐겁지도 않은 느낌에 대해서도 염오한다…

염오하여 탐욕이 빛바랜다. 탐욕이 빛바래어 해탈한다.

해탈하면 해탈했다는 지혜가 있다.

'태어남은 다했다. 청정범행은 성취되었다. 할 일을 다해 마쳤다. 다시는 어떤 존재로도 돌아오지 않을 것이다'라고 꿰뚫어 안다."

1,000여 명의 비구들은 이 설법을 듣고 차례로 네 가지 도의 지혜를 얻어 모두 아라한이 되었다.

빔비사라 왕의 웰루와나 정사 보시

부처님께서는 갓 아라한이 된 1,000명의 비구들과 함께 라자가하로 향했다. 출가한 지 얼마 되지 않아 라자가하에서 빔비사라 왕을 만났을 때 성도하면 라자가하에 꼭 다시 오겠다고 약속을 했기 때문이다.

음력 12월 보름날, 부처님과 제자들이 라자가하 근처 랏티 숲 동산에 도착하자 그 소식을 들은 빔비사라 왕이 많은 바라문들과 함께 부처님께 가서 예경을 올리고 적당한 곳에 앉았다. 부처님께서는 그들에게 차례대로 법을 설하셨고, 사성제에 관한 법문 끝에 빔비사라 왕과 많은 바라문들이 수다원이 되었고, 나머지 바라문들도 삼귀의를 하여 재가신자가 되었다.

빔비사라 왕은 부처님께 다음날 왕궁으로 초대하여 공양을 올리겠다고 청을 하였고 부처님께서는 침묵으로 동의하셨다.

다음날 부처님과 비구들이 왕궁에 도착하자 빔비사라 왕은 직접 부처님께 공양을 올렸다. 부처님께서 공양을 마치시자 빔비사라 왕은 부처님께서 머무실 곳이 필요하다는 생각을 하게 되었다. 도시에서 너무 멀지도 않고 너무 가깝지도 않으며, 드나드는 길이 있고, 오고가기 편하고, 소음이 적어 고요한 곳이 어디일까 생각하던 빔비사라 왕은 그 모든 조건을 잘 갖춘 곳으로 웰루와나(죽림동산)를 떠올렸다.

왕은 황금 주전자에 담긴 물을 부처님 손에 부으며 "부처님,

웰루와나를 보시하오니 비구들과 함께 그곳에 머무십시오."라고 하였고 부처님께서 그것을 허락하셨다. 부처님께서는 "승단을 위한 거주처를 보시하는 것은 공덕이 매우 커서 장수와 아름다움, 행복, 힘, 지혜를 보시한 것과 같다. 그리하여 그 보시의 공덕으로 천상에 태어나니 현자라면 정사를 보시하고 스님들을 그곳에 머물도록 청하여 필수품을 제공해야 한다. 그리하여 더욱더 행복하게 지내다가 모든 슬픔이 사라진 적멸의 열반을 성취한다."라는 축원 법문을 해주셨다.

웰루와나 정사(죽림정사)는 부처님 승단이 최초로 보시 받은 정사로 부처님께서 2~4째 안거, 17번째 안거, 20번째 안거를 그곳에서 지내시게 된다. 부처님께서는 웰루와나 정사를 보시 받은 후부터 비구들이 정사를 보시 받는 것을 허락하셨다고 한다.

두 상수제자, 사리뿟따와 마하목갈라나

부처님께서 라자가하에 도착하신 지 보름 정도가 지난 기원전 588년 음력 1월 상현의 1일, 훗날 부처님의 상수제자가 될 두 바라문이 찾아왔다. 그들은 나중에 사리뿟따 존자로 불리게 되는 우빠띳사와 마하목갈라나 존자로 불리게 되는 꼴리따였다.

사실 우빠띳사와 꼴리따는 모든 학문과 기예를 섭렵하고 각각 500명의 대중들에 둘러싸여 지내던 바라문이었다. 어느 날 그들은 삶의 무의미함을 숙고하고 당시 라자가하에서 가르침을 펴던 산자야 문하로 들어갔다. 두 사람은 얼마 지나지 않아 산자야의 수준을 뛰어넘었고, 해탈의 법을 가르쳐 줄 스승을 찾아다녔지만 결국 만나지 못했다. 두 사람은 깨달은 사람을 만나면 서로 알려 주기로 약속하고 헤어졌다.

그러던 중 우빠띳사는 최초 다섯 비구 중 한 명인 앗사지 존자가 거리에서 탁발하는 모습을 보게 되었다. 우빠띳사는 그 엄숙한 모습에 감동을 받아 앗사지 존자가 공양을 마칠 때를 기다렸다가 물었다.

"당신은 누구 밑에서 출가하셨습니까? 당신의 스승은 누구입니까? 당신은 누구의 가르침을 따르고 있습니까?"

"사끼야 족 출신의 위대한 사문이 있습니다. 나는 그분에게 출가하였고 그분을 스승으로 삼고 그분의 가르침을 따르고 있습니다."

"그대의 스승은 어떤 법을 설합니까?"

"저는 출가한 지 얼마 되지 않아 스승의 가르침을 자세히 전달할 수가 없습니다. 다만 핵심만 간단히 전달할 수 있습니다."

"그러면 핵심만 간단히 말씀해 주십시오."

우빠띳사의 청에 앗사지 존자는 다음의 게송을 읊었다.

그 법들은 조건에 따라 일어나니
그 조건을 선서善逝께서는 말씀하시네.

또한 그것의 소멸도 말씀하시니
위대한 사문은 이렇게 가르치시네.

우빠띳사는 게송의 두 번째 구절이 끝남과 동시에 수다원이 되었고, 기쁨에 넘쳐 친구인 꼴리따를 찾아갔다. 우빠띳사가 그 게송을 꼴리따에게 들려주자 꼴리따는 네 번째 구절까지 듣고 수다원이 되었다. 두 바라문은 부처님께 가기 전에 이전에 스승으로 모셨던 산자야에게 가서 부처님에 대한 말을 전하면서 같이 귀의할 것을 권했다.

산자야는 "스승으로 지내다 제자로 지내는 것은 있을 수 없다. 세상에는 어리석은 이가 많고 그들은 나에게 올 것이다."라고 하면서 거절했다. 결국 두 바라문은 자신들을 따르는 250명의 제자들과 함께 부처님을 찾아갔다.

우빠띳사와 꼴리따, 그리고 그들의 제자들은 부처님께 예경을 드린 후 출가할 것을 청했다. 부처님께서는 "오라, 비구들이여."라고 말씀하시고, 그들의 근기와 성향에 맞게 법을 설하시자 250명의 비구들은 모두 아라한이 되었다. 하지만 상수제자가 될 두 사람, 즉 사리뿟다 존자와 목갈라나 존자는 아직 아라한이 되지 못했다. 상수제자는 대제자나 일반제자들보다 갖추어야 할 지혜가 더 심오하고 방대했기 때문이었다.

그로부터 일주일이 지난 음력 1월 7일에 수행하다 잠시 혼침에 빠져 있던 목갈라나 존자가 부처님의 도움으로 졸음을 극복하고 아라한이 되었다. 또 일주일 뒤인 음력 1월 보름날에는 부처님께서 디가나카라는 사문에게 법문을 설하시는 것을 듣고 사리뿟따 존자가 아라한이 되었다.

사리뿟따 존자가 목갈라나 존자보다 더 늦게 아라한이 된 이유는 그가 관찰할 것이 더 많았기 때문이다. 지혜가 예리했던 사리뿟따 존자에게는 분명하게 드러나는 법들이 더 많았고, 그 법들을 다 관찰해야 했기 때문에 시간이 더 오래 걸린 것이다.

사리뿟따 존자가 아라한이 된 음력 1월 보름날, 대집회가 열렸다. 대집회란 음력 1월 보름날, 육신통을 모두 갖춘 선례 비구들이 초청 없이 스스로 모이는, 모든 부처님 재세 시마다 열리는 아주 중요한 모임이었다. 바로 그날 고따마 부처님에게 이 대집회가 열린 것이다.

그날 부처님께서는 깟사빠 삼형제의 대중 1,000명과 사리뿟따 존자와 목갈라나 존자의 대중 250명 등 모두 1,250명이 모인 자리에서 사리뿟따 존자와 목갈라나 존자에게 상수제자의 지위를 부여했다. 후에 사리뿟따 존자는 통찰지에 있어서 제일이라는 칭호를 받았고, 목갈라나 존자는 신통에 있어 제일이라는 칭호를 받았다.

또한 부처님께서는 훈계 계목도 설하셨다. 당시에는 아직 비구 계본이 제정되지 않았기 때문에 다음의 세 가지 게송으로 된 훈계 계목을 외우는 것으로 포살을 대신한 것이다.

'인내라고 부르는 인욕이 거룩한 실천이다'
'열반이 거룩하다'라고 부처님들께서는 말씀하신다.
다른 이를 해치는 자는 출가자가 아니며
다른 이를 괴롭히는 자는 사문이 아니다.

모든 악을 행하지 않는 것
모든 선을 구족하는 것
자신의 마음을 깨끗이 하는 것
이것이 부처님들의 가르침이다.

남을 비난하지 않는 것, 해치지 않는 것
계목에 있어 허물 없도록 잘 단속하는 것
음식의 양을 아는 것, 한적한 곳에 머무는 것
높은 마음을 힘써 닦는 것
이것이 부처님들의 가르침이다.

최초의 비구니 승단이 생기다
부처님께서 처음 사끼야 족을 방문하셨을 때 부처님의 양모인 마하빠자빠띠 고따미가 여자도 출가할 수 있게 해 달라고 청을 한

적이 있었다. 그때 마하빠자빠띠 고따미가 세 번이나 청을 해도 부처님께서는 출가를 허락하지 않으셨다.

그 후 시간이 흘러 사끼야 족과 꼴리야 족의 싸움을 계기로 출가한 500명 왕자의 부인들이 마하빠자빠띠 고따미를 찾아가 자신들도 출가할 수 있도록 부처님께 청해 달라고 하였다.

이때 부처님께서는 웨살리의 마하와나에서 다섯 번째 안거를 보내고 계셨다.

마하빠자빠띠 고따미는 500명의 여인들과 함께 스스로 머리를 깎고 가사를 만들어 입고 웨살리로 길을 떠났다. 까삘라 성에서 웨살리까지는 51요자나가 되는 멀고도 험한 길이었다. 그들이 웨살리에 도착했을 때 부드럽던 발은 부르터 피가 흘렀고 온몸은 먼지로 뒤범벅이 되어 처참한 모습이었다. 여인들은 감히 마하와나 안으로 들어갈 엄두를 내지 못하고 밖에서 슬피 울며 서 있었다.

아난다 존자는 부처님의 어머니와 부인, 또 자기 친척들의 비참한 모습을 보고 말할 수 없이 마음이 아팠다. 아난다 존자가 부처님께 가서 "제발 저 여인들의 출가를 허락해 주십시오."라고 간절하게 부탁을 드렸지만 부처님께서는 그 청을 거절하셨다.

그러자 아난다 존자가 다른 방식으로 질문을 했다.

"부처님, 여인들도 출가해서 수행을 하면 비구들과 마찬가지로 도와 과를 증득할 수 있습니까?"

"아난다여, 여인도 법에 귀의하여 바르게 수행하면 도와 과를 증득할 수 있다."

아난다 존자는 부처님께서 어렸을 때 마하빠자빠띠 고따미가 극진히 보살핀 내용을 말씀드리며 "지금 여기에 와서 출가하기를 원하는 500명의 여인들에게 제발 출가를 허락해 주십시오."라고 다시 한 번 청을 드렸다. 그러자 부처님께서 비구니 팔경계를 받아들인다면 여인들의 출가를 허락하겠다고 말씀하셨다.

비구니 팔경계란 '법랍이 100년이 된 비구니라도 갓 비구계를 받은 비구에게 먼저 예경할 것, 비구 승단이 있는 곳에서만 안거를 할 것, 포살을 할 때 항상 비구 승단에 와서 할 것, 자자를 할 때도 비구 승단이 있는 곳에서 할 것, 승잔죄 중의 하나를 범한 비구니는 비구니 승단뿐 아니라 비구 승단에서도 보름 동안의 마낫따를 할 것, 계를 받을 때도 비구니 승단에서 계를 받고 비구 승단에서 다시 계를 받을 것, 비구는 비구니를 비난할 수 있어도 비구니는 비구를 비난할 수 없다는 것, 비구는 비구니를 훈계할 수 있어도 비구니는 비구를 훈계할 수 없다는 것'의 여덟 가지 항목이다.

마하빠자빠띠 고따미는 기꺼이 비구니 팔경계를 받아들여 비구니가 되었고, 나머지 500명의 여인들은 마하빠자빠띠 고따미를 은사로 수계를 받고 비구니가 되었다. 이렇게 해서 드디어 부처님의 교단에 비구니 승단이 형성되었다.

마하빠자빠띠 고따미는 사실 부처님께서 처음 사끼야 국을 방문했을 때 부처님의 법문을 듣고 이미 수다원이 된 상태였으며, 이렇게 출가한 후 『간략하게 경(Sankhitta-sutta)』을 듣고 아라한이 되었다. 나머지 500명의 비구니들도 『난다까의 교화에 대한 경』을 듣고 모두 수다원과 이상을 성취하였다.

열반

열반 선언

두 상수제자가 입멸한 지 얼마 되지 않는 음력 1월 보름, 부처님께서는 웨살리에 있는 모든 비구들을 마하와나의 중각강당으로 모이게 한 후 37깨달음동반법(보리분법)을 강조하시면서 이를 호지하고 받들어 행하고 닦아야 하고 많이 공부 지어야 한다고 하시고, 이어서 이렇게 말씀하셨다.

"비구들이여, 참으로 이제 나는 당부하노니 모든 형성된 것들은 소멸하기 마련인 법이다. 불방일(이라는 새김)을 통해 (해야 할 바를 모두) 성취하라. 오래지 않아서 여래의 반열반이 있을 것이다. 지금부터 3개월이 넘지 않아서 여래는 반열반에 들 것이다."

부처님께서는 이렇게 반열반에 들 것을 선언하신 다음날, 마치 코끼리가 뒤를 돌아보듯이 뒤를 돌아보며 "이것이 여래가 웨살리를 보는 마지막이 될 것이다."라고 말씀하시면서 웨살리를 떠나셨다.

꾸시나라의 살라 나무 숲에서
부처님께서는 열반에 들 시간이 가까워졌음을 아시고 꾸시나라 근처에 있는 말라들의 살라 숲으로 가셨다. 그리고 아난다 존자에게 동서로 서 있는 두 살라 나무 사이에 북쪽으로 머리를 둔 침상을 준비시키시고 그 침상에 발과 발을 포개고 새김과 바른 앎을 갖춘 채 오른쪽 옆구리를 바닥에 대고 사자처럼 누우셨다.

그러자 마치 부처님께 예경을 올리기라도 하듯 한 쌍의 살라 나무에서 때 아닌 꽃들이 만개하여 떨어졌다. 천상의 만다라와 꽃들과 전단향 가루가 허공에서 떨어져 부처님의 몸을 덮었고 천상의 음악과 노래가 울려 퍼졌다. 하지만 부처님께서는 이렇게 예경하는 것은 진정으로 여래를 예경하는 것이 아니라고 하시면서 출세간에 이르는 법을 닦고 실천하며 머무는 것이 진정한 예경이라고 말씀하셨다.

"아난다여, 비구나 비구니나 청신사나 청신녀가 (출세간)법에 이르게 하는 법을 닦고, 합당하게 도를 닦고, 법에 따라 행하며 머무는 것이 참으로 최고의 예배로, 여래를 존경하고 존중하고 숭상하고 예배하는 것이다."

제1장 부처님의 생애와 가르침

그때 부처님께서는 옆에서 부채질을 하고 있던 우빠와나 존자를 잠시 비켜서게 하셨다. 살라 숲에는 부처님께 마지막 작별을 고하기 위해 머리카락 한 올 들어갈 틈이 없을 정도로 많은 천신들이 와 있었는데, 우빠와나 존자가 앞을 가로막고 있었기 때문이었다.

그러자 아난다 존자는 부처님께 다음과 같이 여쭈었다.

"세존이시여, 전에는 안거가 끝나면 비구들이 여래를 친견하러 왔고, 우리는 그런 마음을 잘 닦은 비구들을 맞이하였고 그들은 세존을 친견하고 공경을 할 수 있었습니다.
세존이시여, 그러나 이제 세존께서 가시고 나면 우리는 그런 마음을 잘 닦은 비구들을 맞이하지 못할 것이고, 그들은 세존을 친견하고 공경을 하지 못할 것입니다."

자리에 누우신 부처님께서는 아난다 존자에게 삼보에 믿음을 가진 사람들이 친견해야 하고 절박감을 일으켜야 하는 네 가지 장소가 있다고 하시며 사대성지四大聖地에 대한 법문을 하셨다. 그곳은 부처님께서 태어나신 룸비니, 정득각을 성취하신 보드가야, 초전법륜을 하신 바라나시의 미가다야, 그리고 부처님께서 반열반에 드신 꾸시나라이다. 부처님께서는 이러한 성지를 순례하는 과정에서 청정한 믿음을 가진 이들은 누구나 죽은 후 선처,

천상에 태어날 것이라고 말씀하셨다.

아난다 존자가 계속해서 비구들이 여인을 어떻게 대처해야 하는지 여쭈어 보자 부처님께서는 "먼저 쳐다보지 말고, 쳐다보더라도 말하지 말고, 말하더라도 새김을 확립하라."고 말씀하셨다.

다시 아난다 존자가 여래의 존체를 수습하는 방법 등에 대해 여쭈어 보자 부처님께서는 "비구들은 여래의 존체를 수습하는 것에는 관심을 두지 말고 열반을 얻기 위해 열심히 수행하라. 여래의 존체는 깊은 신심을 가진 재가신자들이 잘 수습할 것이다. 그리고 전륜성왕의 유체를 대할 때와 마찬가지 절차를 따르라. 그리고 탑을 세워라. 사람들이 그 탑 앞에서 꽃과 향 등을 올리면서 부처님에 대한 믿음을 가진다면 죽은 후 선처, 천상에 태어날 것이다. 이와 같이 여래, 벽지불, 여래의 깨달은 제자, 전륜성왕이라는 네 사람의 탑은 조성할 만하다."라고 말씀하셨다.

그러자 아난다 존자는 방으로 들어가 문틀에 기대어 울면서 "나는 아직 유학인데 스승님께서는 벌써 반열반에 드신다."라고 하였다. 부처님께서는 그러한 아난다 존자를 불러 위로하셨다.

"아난다여, 슬퍼하지 말아라. 사랑스럽고 마음에 드는 모든 것과는 헤어지기 마련이다. 슬퍼하는 것은 아무 소용이 없다. 형성된 것은 모두 부서지기 마련이다. 그것을 부서지지 말라고 할 수는 없는 일이다. 그대는 참으로 여래를 잘 시봉했다. 열심히 정진하면 곧 아라한이 될 것이다."

그러고 나서 비구들에게 아난다 존자가 갖춘 네 가지 경이로운 법을 설해 주셨다.

"비구들은 아난다를 보면 보는 것만으로 기뻐한다. 아난다가 법을 설하면 설하는 것만으로도 기뻐한다. 아난다가 침묵하고 있으면 비구들은 기뻐하지 않는다. 비구들이 와도 그러하고 청신사들이 와도 그러하고 청신녀들이 와도 그러하다."

부처님의 위로에 조금 힘을 얻은 아난다 존자가 부처님께 꾸시나라처럼 작고 보잘 것 없는 도시가 아니라 라자가하나 사왓띠처럼 큰 도시에서 반열반에 드시라고 청했다. 그런 곳이라면 청정한 믿음을 가진 부호장자들이 많으니 부처님의 존체를 잘 수습할 것이라고 생각한 것이다. 하지만 부처님께서는 마하수닷사나라는 전륜성왕이 다스리던 시절에 꾸시나라가 얼마나 부유하고 번창했는지를 말씀해 주셨다.

말씀을 마친 부처님께서는 아난다 존자에게 말라 족들을 부르라고 하셨다. 부처님께서 자기 마을에서 반열반에 드시는데 친견하지 못한다면 말라 족들이 큰 자책감과 슬픔을 느낄 것이라고 생각하셨기 때문이다.

아난다 존자는 꾸시나라로 들어가 "오늘밤 후야에 부처님께서 반열반에 드실 것입니다. 나중에 후회하지 말고 부처님을 친견하십시오."라고 말라 족들에게 알렸다. 그 말을 들은 말라 족들은 큰 괴로움과 슬픔에 빠져 머리카락을 뜯으면서 울부짖기도 하고 이리저리 뒹굴며 통곡하기도 하였다.

아난다 존자는 꾸시나라에 사는 말라 족들이 한 사람씩 부처님께 인사를 드리면 시간이 너무 많이 걸리기 때문에 가문별로 인사를 드리게 했다. 그렇게 해서 초야에 모든 말라 족들이 부처님께 인사를 마쳤다.

마지막 제자 수밧다
부처님께서 말라 족의 인사를 받은 다음에 잠시 쉬고 계실 때 수밧다라는 유행승이 찾아왔다. 그가 부처님 뵙기를 청하며 아난다 존자에게 말했다.

"아난다 존자여, 세상에 매우 드물게 출현하시는 정등각자이신 사문 고따마께서 오늘밤 후야에 반열반에 드신다고 들었습니다. 내게는 법에 대한 의심이 있습니다. '그 의심을 제거할 수 있도록 사문 고따마께서 제게 법을 설해 주실 수 있을 것이다'라고 저는 믿고 있습니다. 그러니 부디 친견을 허락해 주십시오."

수밧다가 부처님께서 반열반에 드시기 직전에 찾아온 것은 그의 전생 공덕과 관련이 있다. 수밧다는 부처님께서 『초전법륜경』을 설하셨을 때 제일 먼저 수다원이 된 꼰단냐 존자와 과거 생에 형제였다. 동생은 벼를 베거나 탈곡하는 등의 아홉 단계마다 제일 먼저 나온 수확물을 부처님께 공양 올리면서 부처님 회상에서 가장 먼저 깨달음을 얻게 되기를 서원했다. 하지만 형은 계속 공양을 올리지 않다가 마지막에야 공양을 올렸다. 그 과보로 이번 생에 동생은 꼰단냐 존자로 태어나 제일 먼저 깨달음을 얻게 되었고, 형은 수밧다 유행자로 태어나 부처님께서 반열반에 드실 때가 되어서야 비로소 부처님을 떠올리게 된 것이다.

아난다 존자가 수밧다의 세 번의 청을 모두 거절하자 두 사람의 대화를 들으신 부처님께서 아난다 존자를 불러 수밧다는 법을 터득하려는 것이니 들어오게 하라고 말씀하셨다.

부처님께서는 모든 것에 대해 자세히 설명하기에는 남은 시간이 너무 짧다는 것을 아시고, 다음과 같이 말씀하셨다.

"수밧다여, 어떤 법과 율에서든 여덟 가지 성스러운 도(팔지성도)가 없으면 거기에는 사문도 없다. 거기에는 두 번째 사문도 없다. 거기에는 세 번째 사문도 없다. 거기에는 네 번째 사문도 없다. 수밧다여, 그러나 어떤 법과 율에서든 여덟 가지 성스러운 도(팔지성도)가 있으면 거기에는 사문도 있다. 거기에는 두 번째 사문도 있다. 거기에는 세 번째 사문도 있다. 거기에는 네 번째 사문도 있다. 수밧다여, 이 법과 율에는 여덟 가지 성스러운 도가 있다.

수밧다여, 그러므로 오직 여기에만 사문이 있다. 여기에만 두 번째 사문이 있다. 여기에만 세 번째 사문이 있다. 여기에만 네 번째 사문이 있다. 다른 교설에는 사문들이 텅 비어 있다.

수밧다여, 이 비구들이 바르게 머문다면 세상에는 아라한들이 텅 비지 않을 것이다."

이 게송의 끝에 수밧다는 아나함이 되었고 바로 부처님께 귀의하며 출가를 청했다. 외도였던 사람이 불교 승단에 들어오려면 4개월 정도의 견습 기간을 거쳐야 한다는 설명을 듣고 수밧다는 4년의 견습 기간을 거쳐도 좋다고 말했다. 그러나 부처님께서는 수밧다에게 바로 계를 주어 승단에 들어오게 하셨고 적절한 수행법을 가르쳐 주셨다.

수밧다 존자는 외진 곳으로 혼자 물러나 경행하는 한 가지 자세로만 열심히 수행하여 그날 밤 부처님께서 반열반에 드시기 전에 사무애해四無碍解를 갖춘 아라한이 되었다. 부처님 재세 시에 승단에 입문하여 가르침을 듣고 마지막으로 아라한이 된 사람이 바로 이 수밧다 존자이다.

유훈

부처님께서는 초야에 말라 족을 접견하고 중야에 수밧다를 제도하신 것으로 중야까지 해야 할 일을 모두 마치셨다. 이제 부처님께서는 아난다 존자를 불러 첫 번째 유훈을 말씀하셨다.

"아난다여, 그런데 아마 그대들에게 '스승의 가르침은 끝나 버렸다. 이제 스승은 계시지 않는다'라는 이런 생각이 들지도 모른다. 아난다여, 그러나 그렇게 생각해서는 안 된다. 아난다여, 내가 가고 난 후에는 내가 그대들에게 가르치고 천명한 법과 율이 그대들에 게 스승이 될 것이다."

부처님께서는 이어서 두 번째 유훈을 말씀하셨다.

"아난다여, 그리고 지금 비구들은 서로를 모두 '도반'이라는 말로 부르고 있다. 그러나 내가 가고 난 후에는 그대들은 이렇게 불러서는 안 된다. 아난다여, 구참 비구는 신참 비구를 이름이나 성이나 도반이라는 말로 불러야 한다. 신참 비구는 구참 비구를 존자라거나 장로라고 불러야 한다."

부처님께서는 이어서 세 번째 유훈을 말씀하셨다.

"아난다여, 승가가 원한다면 내가 가고 난 후에는 가볍고 사소한 학습 계목들은 폐지해도 좋다."

가볍고 사소한 계율은 폐지해도 좋다고 한 이 말씀은 부처님 입멸 후에 많은 논란을 일으킨 예민한 부분이다. 아난다 존자는 무엇이 가볍고 사소한 계율에 해당되는지를 부처님께 여쭈어 보지 않은 것으로 인해 나중에 마하깟사빠 존자로부터 힐책을 듣게 된다.
부처님께서는 이어서 네 번째 유훈을 말씀하셨다.

"아난다여, 내가 가고 난 후에 찬나 비구에게는 최고의 처벌을 주어야 한다."
"세존이시여, 그러면 어떤 것이 최고의 처벌입니까?"
"아난다여, 찬나 비구가 자기가 하고 싶은 대로 말하더라도 비구들은 결코 그에게 말을 해서도 안 되고, 훈계를 해서도 안 되고, 가로막아도 안 된다."

부처님께서 찬나에게 집단 따돌림이라는 최고의 처벌을 내리신 것은 부처님께서 출가하실 때 마부였던 그가 부처님과 가깝다는 이유로 자만심이 강했고 또 부처님과 법에 대한 집착이 강해 승단 안에서 화합하지 못했기 때문이다. 부처님께서는 자신의 마부였던 찬나에게 수행을 성취할 바라밀이 있는 것을 아시고 마지막 순간까지도 그것을 이끌어내고자 대연민심으로 가르침을 주신 것이다. 찬나 비구는 그 가르침을 받고 자만심을 버리게 되었고 열심히 정진하여 후에 아라한이 되었다.
이윽고 부처님께서는 모든 비구들을 불러 "비구들이여, 법이나 승가나 도나 실천에 대해 의심이 있거나 혼란이 있으면 지금 물어라. 나중에 스승께서 계실 때 여쭈어 보지 못했다고 자책하는 자가 되지 말라."고 말씀하셨다. 부처님께서 같은 말씀을 세 번이나 반복하셨지만 아무도 질문을 하지 않고 침묵을 지키고 있었다.

그러자 아난다 존자가 여기 모인 모든 비구들이 의심이 없다는 청정한 믿음을 표현했다. 부처님께서는 500명 비구 모두가 적어도 수다원이라고 하시며 마침내 마지막 유훈을 말씀하셨다.

"비구들이여, 참으로 이제 그대들에게 당부하노니
형성된 것들은 모두 소멸하기 마련인 법이다.
불방일(이라는 새김)을 통해 (해야 할 바를) 성취하라."

반열반

부처님께서는 해야 할 일을 마치셨다. 제도할 사람을 다 제도하셨고 건네주어야 할 사람도 다 건네주었다. 이제 무거운 짐과 같았던 몸과 마음조차 소멸하는 무더기의 반열반, 즉 무여열반에 드시는 일만 남았다.

부처님께서는 마지막 유훈을 말씀하신 후 색계 초선, 제2선, 제3선, 제4선과 무색계 초선, 제2선, 제3선, 제4선에 차례로 입정하셨고, 무색계 제4선정에서 출정하신 후 멸진정에 드셨다. 그러자 아난다 존자가 아누룻다 존자에게 말했다.

"아누룻다 존자여, 부처님께서 반열반에 드셨습니다."
"아난다여, 부처님께서는 아직 반열반에 들지 않으셨습니다.

부처님께서는 멸진정에 드셨습니다."

부처님께서는 다시 멸진정에서 출정하여 무색계 제4선, 제3선, 제2선, 초선과 색계 제4선, 제3선, 제2선, 초선에 입정했다 출정하신 후, 다시 색계 초선, 제2선, 제3선, 제4선에 입정했다. 그러고 나서 색계 제4선정에서 출정한 바로 다음에 반열반에 드셨다.

그때가 기원전 544년 음력 4월 15일이었다.

부처님께서 반열반에 드시자 천둥, 번개가 치며 대지가 진동했다. 그때 제석천왕이 다음의 게송을 읊었다.

형성은 참으로 무상하나니
생겨났다가는 사라지는 법이라네.
생겨났다가는 다시 소멸하나니
이들의 적멸이 진정한 행복이네.

부처님께서 반열반에 드시자 아직 탐욕과 성냄을 버리지 못한 비구들은 "세존께서는 너무 빨리 반열반에 드시는구나."라며 온몸을 흔들며 울부짖고 슬픔을 이기지 못해 이리저리 뒹굴며 괴로워했다. 그러나 탐욕과 성냄을 벗어난 비구들은 새김과 바른 앎을 갖추고 "형성된 것들은 무상하니 슬퍼한들 무슨 소용이 있겠는가!"라고 하였다.

아누룻다 존자는 앞서 부처님께서 아난다 존자를 위로했던 그대로 다음과 같이 말하며 경각심을 일깨워 주었다.

"도반들이여, 슬퍼하지 마십시오. 탄식하지 마십시오. 사랑스럽고 마음에 드는 모든 것과는 헤어지기 마련이라고 세존께서 말씀하시지 않으셨습니까? 형성된 것은 모두 부서지기 마련입니다. 그것을 부서지지 말라고 할 수는 없는 일입니다. '스스로조차 인내하지 못하면서 어찌 다른 이들을 편안하게 해주겠는가!'라고 신들이 비난할 것입니다."

장례

날이 밝자 아누룻다 존자는 아난다 존자에게 꾸시나라로 돌아가서 말라 족들에게 부처님께서 반열반에 드셨으니 방문하여 예경하도록 알리라고 말했고, 아난다 존자는 부처님의 반열반 소식을 그들에게 알렸다. 그 소식을 들은 많은 말라 족 사람들은 괴로움과 슬픔에 빠져 이리저리 뒹굴며 울부짖었다.

말라 족들은 꽃과 향과 500필의 천을 가지고 음악가들과 함께 부처님의 존체가 안치되어 있는 살라 숲으로 갔다. 그들은 노래와 춤, 꽃과 향을 부처님께 올리고 예경했다. 부처님의 존체는 많은 사람들이 와서 예경드릴 수 있도록 반열반에 드신 그 자리에 6일 동안 안치해 두었다.

7일째 되는 날, 장례를 지내기 위해 부처님의 존체를 화장할 장소로 옮겼다. 먼저 북쪽 문으로 꾸시나라 시내로 들어가 시내를 한 바퀴 돌고 난 다음 동쪽 문으로 나와 마꾸따반다나 탑묘에 부처님의 존체를 내려놓았다.

아난다 존자로부터 부처님의 장례는 전륜성왕과 같은 방법으로 봉행해야 한다는 말을 들은 말라 족들은 부처님의 존체를 천과 솜으로 500겹씩 감싼 다음 황금으로 만든 기름통에 넣고 황금으로 만든 다른 통으로 덮었다. 그런 다음 온갖 향으로 장엄을 하고 향기로운 나무로 화장용 장작더미를 만들어 그 위에 부처님의 존체를 올려놓았다.

그리고 시간이 되자 네 명의 말라 왕자들이 부처님의 존체를 화장하기 위해 장작에 불을 붙이려고 했다. 하지만 아무리 해도 불이 붙지 않았다. 그것은 천신들이 마하깟사빠 존자가 세존의 발에 머리를 대고 절을 하기 전에는 불이 붙지 않기를 바랐기 때문이었다.

그 무렵 마하깟사빠 존자는 부처님께서 반열반에 드신다는 소식을 듣고 500명의 대중과 함께 빠와에서 꾸시나라로 급히 오던 중 어떤 유행자로부터 부처님께서 이미 7일 전에 반열반하셨다는 소식을 듣게 되었다. 그때 동행하던 수밧다라는 늦깎이가 "이제 해방되었다. 이제는 무엇이든 원하는 것을 할 수 있고, 원하지 않는 것은 하지 않을 수 있게 되었다."는 말을 했다.

마하깟사빠 존자는 부처님께서 반열반에 드신 지 며칠 되지도 않았는데 벌써부터 이런 말을 하는 사람이 있으니 큰일이라고 생각했다. 이 말을 계기로 후에 사리를 배분하는 날 1만 명의 비구들이 모였을 때 부처님의 말씀을 결집하려는 마음을 내게 된다.

마하깟사빠 존자가 500명의 제자와 함께 부처님의 존체가 안치되어 있는 마꾸따반다나에 도착했다. 먼저 마하깟사빠 존자가 한쪽 어깨가 드러나게 가사를 고쳐 입고 합장을 한 다음 부처님의 존체가 놓인 장작더미를 오른쪽으로 세 번 돌아 경의를 표했다. 그 후 부처님의 발이 놓인 곳에 서서 제4선에 입정한 후 출정하여 '천 개의 바퀴살로 장식된 부처님의 두 발이 500겹의 천과 솜, 황금통, 장작더미를 둘로 열어젖히고 저의 머리 위에 놓이게 되기를'이라고 결의했다. 그러자 마치 먹구름 사이에서 보름달이 나타나듯이 두 발이 드러났다.

마하깟사빠 존자는 손을 펴서 부처님의 황금색 두 발을 발목까지 꼭 잡고 자신의 정수리 위에 올려놓으며 예경을 올렸다.

사람들은 그 모습을 보자 환호를 했고 드러난 부처님 발에 향과 꽃으로 마음껏 예경을 올렸다. 마하깟사빠 존자와 동행한 500비구들도 한쪽 어깨가 드러나게 가사를 고쳐 입고 합장한 다음 장작더미를 세 번 돌고 나서 부처님 발에 예경을 올렸다.

그렇게 마하깟사빠 존자와 여러 사람들, 마하깟사빠 존자와 동행한 비구들이 원하는 만큼 예경을 올리고 나서 마하깟사빠 존자가 부처님의 발에서 손을 떼자 솜 한 가닥, 천 한 올, 기름 한 방울, 향나무 한 조각조차 흐트러지지 않은 채 원래의 모습으로 돌

부처님 다비식이 거행된 곳에 세워진 기념탑 라마스투파

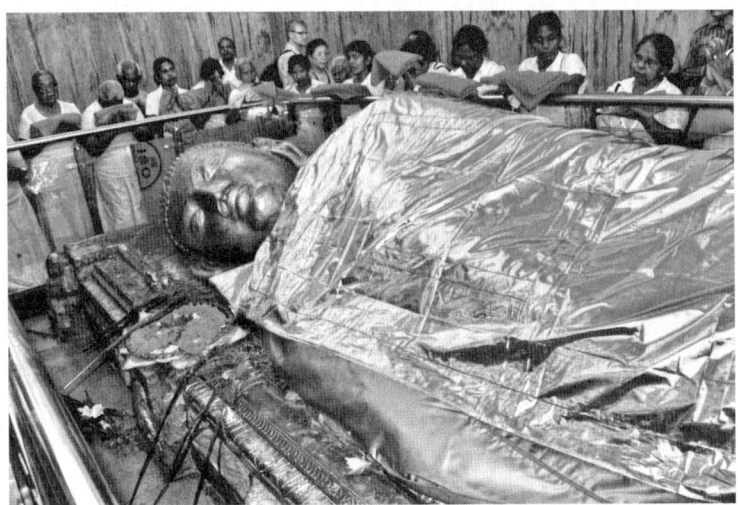

열반당에 전시된 부처님 와불상

아갔다.

부처님 발이 황금통 안으로 사라지자 많은 사람들이 크게 통곡했다. 그리고 즉시 천신들의 위력으로 저절로 장작 전체에 불이 붙어 타올랐다. 부처님의 존체는 재나 찌꺼기도 없이 모두 타고 사리들만 남았다.

부처님의 존체가 다 타자 말라 족들은 향수를 부어 장작불을 껐다. 그렇게 큰불이 일어났음에도 불구하고 주위에 있던 살라 나무들의 잎이나 곤충들은 조금도 해를 입지 않았다.

말라 족들은 꾸시나라 시내에 여러 가지로 장식된 회당을 지은 후 화장터에서 그곳까지 도로를 정비하고 그 주위도 장식했다. 그 후 보석으로 장식된 코끼리 위에 부처님의 사리를 담은 황금함을 올려 회당까지 옮겼다. 그리고 사라바라는 사자조각상으로 받친 법좌 위에 사리함을 안치하고 그 위에 일산을 세웠다.

사리를 안치한 회당 주위에는 코끼리 부대, 기마 부대, 전차 부대, 보병 부대, 궁사 부대, 창 부대를 배치하여 안전에 만전을 기한 후 다시 7일 동안 춤과 노래, 꽃과 향으로 부처님께 예경을 표하였다.

사리분배
부처님께서 반열반에 드시자 마가다국의 아자따삿뚜 왕이 사자를 보내 부처님의 사리탑을 만들고자 하니 사리를 분배해 달라고 요구했다. 웨살리의 릿차위 족, 까삘라의 사끼야 족, 알라깝빠의 불리 족, 라마의 꼴리야 족, 윗타디빠의 바라문들, 빠와의 말라 족도 같은 이유로 부처님의 사리를 분배해 달라고 했다.

일곱 종족이 사리를 분배해 달라고 요구했지만 꾸시나라의 말라 족들은 자기네 나라에서 반열반에 드신 부처님 사리를 나누어줄 수 없다고 했다. 그러자 도나 바라문이 대중들 앞에 나와서 말했다.

"존자들이여, 나의 제안을 들어 보시오. 우리의 부처님께서는 인욕을 설하신 분입니다. 최고이신 어른의 사리 분배를 두고 싸움이 일어난다면 그것은 좋지 못합니다. 존자들이여, 모두 우정을 가지고 화합하여 서로 사이좋게 분배해 나눕시다. 널리 사방에 탑들을 만드십시오. 많은 사람들이 깨달음을 얻으신 분께 청정한 믿음을 가지도록."

사리 분배를 요구하던 사람들은 도나 바라문에게 부처님의 사리를 여덟 등분으로 공평하게 잘 분배해 달라고 말했다. 도나 바라문은 일곱 종족들과 꾸시나라의 말라 족에게 공평하게 배분했다. 그들은 그 사리를 잘 안치해서 큰 탑들을 만들었다. 도나 바라문 자신은 사리를 담았던 사리함을 가져가 탑을 세웠다. 뒤늦게 도착한 삡팔리 숲에 사는 모리야 족은 타고 남은 숯을 가져가 탑을 세웠다.

그렇게 해서 사리를 모시고 세운 탑이 여덟 군데, 사리함으로 세운 탑이 한 군데, 숯을 담은 탑이 한 군데, 이렇게 열 개의 탑이 만들어졌다.

이렇게 부처님께서는 몸과 마음이 남김없이 소멸되는 무여열반에 드셨다. 하지만 부처님께서는 당신을 대신하여 사리를 남겨 주셨고, 그보다 더 큰 보배인 법과 율을 우리에게 남겨주셨다. 또한 그러한 법과 율의 옳고 그름의 기준까지 세세하게 남겨 주셨고, 더 나아가 그러한 법과 율을 의지하는 방법, 즉 실천하는 방법까지 제시하셨다. 그것은 바로 반열반의 여정 내내 강조하셨고 아마도 45년 동안 설법하시는 내내 강조하셨을 '스스로를 의지하고 법을 의지하라'는 법문이다.

"자신을 섬으로 삼고 자신을 귀의처로 삼아라.
법을 섬으로 삼고 법을 귀의처로 삼아라."

스스로를 의지하고 법을 의지하라는 말은 무슨 뜻인가? 바로 네 가지 마음챙김 확립을 실천하라는 말이다.

"노력과 바른 앎과 마음챙김을 갖추어
몸에 대해 몸을 거듭 관찰하여
세상에 대한 탐욕과 근심을 버리며 지낸다.
노력과 바른 앎과 마음챙김을 갖추어

느낌에 대해 느낌을 거듭 관찰하여
세상에 대한 탐욕과 근심을 버리며 지낸다.
노력과 바른 앎과 마음챙김을 갖추어
마음에 대해 마음을 거듭 관찰하여
세상에 대한 탐욕과 근심을 버리며 지낸다.
노력과 바른 앎과 마음챙김을 갖추어
법에 대해 법을 거듭 관찰하여
세상에 대한 탐욕과 근심을 버리며 지낸다."

부처님께서는 마지막 유훈으로 이러한 네 가지 마음챙김의 확립을 '불방일'이라는 한 단어에 담아 우리에게 남겨 주셨다.

"형성된 것은 모두 소멸하기 마련인 법이다
불방일을 통해 해야 할 바를 모두 성취하라."

참으로 얻기 힘든 사람의 생을 얻어 그보다 더 만나기 힘든 부처님의 가르침을 만난 이 좋은 기회를 놓치지 않도록 경각심을 가져야 한다.

부처님의 유훈을 잘 받들어 보시, 지계, 수행의 선업들을 열심히 실천하여 세간의 행복과 출세간의 행복을 모두 성취하시기를….

제2절 부처님의 가르침(교법敎法)*

부처님의 원음을 그대로 전하는 초기불교의 교법 자료 중에서는 초기불전연구원 각묵 스님의 『초기불교이해』가 그 내용이 가장 충실하다고 생각되어 여기 그 핵심 내용들을 정리해 보았다.

불교의 목적: 행복의 실현

인간은 행복을 추구한다. 경제행위, 정치행위, 문화행위, 철학행위, 의료행위, 종교행위 등 인간의 모든 행위는 행복해지기 위해서이다. 불교도 행복을 추구한다. 그래서 예로부터 스님들은 불교의 목적을 이고득락, 즉 괴로움을 여의고 행복을 실현하는 것이라고 표현하였다.

  부처님께서는 삶이 괴로움이라고 보시고 이 괴로움의 소멸을 위하여 궁극적 행복인 열반의 실현을 추구하시고 이를 성취하신 분이다. 이러한 궁극적 행복인 열반은 팔정도를 위시한 37보리분법을 닦아서 존재를 온(5蘊), 처(12處), 계(18界), 근(5根), 제(4聖

---

* 초기불전연구원 각묵 스님의 『초기불교이해』에서 발췌하였습니다. 흔쾌히 게재를 허락해 주신 대림 스님께 감사드립니다.

諦), 연(12緣起)으로 해체해서 이들의 무상·고·무아를 통찰하여 염오-이욕-해탈-구경해탈지 혹은 염오-이욕-소멸을 성취함으로써 실현된다.

초기 경들에서 부처님께서는 다양한 행복을 말씀하셨다. 그것을 간추려보면 금생의 행복, 내생의 행복, 궁극적 행복이 된다.
『상윳따 니까야』 제1권 「알라와까경」에서 이렇게 말씀하신다.

"믿음이 여기서 인간의 으뜸가는 재화이며
법을 잘 닦아야 행복을 가져오느니라.
진리가 참으로 가장 뛰어난 맛이며
통찰지를 구족하여 살아야 으뜸가는 삶이라 부르느니라."

주석서와 복주서는 여기서 '법을 잘 닦는다'는 것은 보시와 지계와 수행을 말한다고 설명하고 있다. 그리고 '행복을 가져온다'는 것은 이 법을 닦으면 인간의 행복(금생의 행복)과 천상의 행복(내생의 행복)과 최종적으로는 열반의 행복(궁극적 행복)을 가져온다는 뜻이라고 덧붙이고 있다.
이 가운데서 보시와 지계는 인간의 행복과 천상의 행복을 얻는 수단이며, 수행, 즉 37보리분법으로 정리되고 팔정도로 귀결되는 도 닦음은 궁극적 행복을 얻는 방법이다.

그러면, 어떻게 하면 이러한 세 가지 행복을 구체적으로 실현할 수 있을까?

1) 금생의 행복

초기불전은 금생에 행복해지기 위해서는 특히 학문과 기술을 익힐 것을 강조하고 있다. 자기 소질에 맞는 기술을 익혀서 그것으로 세상에 기여를 하고 급여를 받거나 이윤을 창출하여 금생을 행복하게 사는 것이 인간이 추구하는 중요한 바램이다.

그러나 기술만으로 금생의 행복이 얻어지는 것은 아니다. 아무리 그 사람이 전문 직종의 기술을 가졌다 하더라도 나쁜 인성을 가지고 있다면 그는 사회와 자신을 해치게 된다. 바른 인성을 개발하기 위해서는 도덕적으로 건전하고 이웃에 봉사하는 삶을 살아야 한다. 부처님께서는 이를 각각 지계와 보시로 강조하셨다. 이처럼 인간은 자기에게 맞는 기술을 익히고, 도덕적으로 건전하고, 봉사하는 삶을 살아감으로써 금생의 행복을 얻게 된다고 부처님께서는 강조하셨다.

2) 내생의 행복

불교에서는 인간이 짓는 의도적 행위(업)가 원인이 되어, 해로운 업을 많이 지은 자는 지옥, 축생, 아귀의 삼악도에 태어나게 되고 유익한 업을 많이 지은 자는 인간과 천상에 태어난다고 가르친다. 부처님께서는 인간이나 천상에 태어나는 방법으로 보시와 지계를 말씀하셨다. 한역 『아함경』에서는 이를 시施·계戒·생천生天이라고 옮겼다. 금생의 이웃에 봉사하고 승가에 보시하며, 도덕적으로 건전한 삶을 살면 내생에 천상에 태어나게 된다는 말씀이다. 물론 불佛·법法·승僧·계戒에 대한 믿음도 강조되고 있는데, 불·법·승에 대한 흔들림 없는 믿음과 계를 지님은 예류과를 얻는 자들이 갖추고 있는 구성요소로 강조되고 있다.

3) 궁극적 행복

이것은 열반이다. 불교가 궁극적으로 추구하는 깨달음, 해탈 열반, 성불은 세상의 어떤 가치체계나 신념체계에서도 찾아볼 수 없는 불교만이 제시하는 고귀한 가르침이다. 출가자들은 이 궁극적 행복을 위해 수행하며, 재가 신자들이 부처님의 가르침을 자신의 가치체계와 신념체계로 받아들이는 것도 궁극적으로는 이러한 행복을 실현하기 위해서이다.

물론 금생의 행복과 내생의 행복은 주로 재가자들에게 가르치셨으며 궁극적 행복은 출가자들에게 주로 가르치셨다. 니까야의 여러 곳에서 부처님께서는 제자들에게 먼저 시·계·생천을 말씀하시고, 그래서 인연이 성숙한 사람들에게 사성제를 토대로 한 법을 설하셨다는 정형구들이 많이 나타난다. 물론 역량이 되는 재가자들에게도 궁극적 행복을 도처에서 말씀하셨다.

궁극적 행복을 실현하기 위해서는 개념적 존재를 법(dhamma)으로 해체해서 보아야 하는데, 부처님께서는 그 구체적인 방법으로 사성제의 통찰, 팔정도의 완성, 온·처·계의 무상·고·무아에 대한 철견, 12연기의 환멸문 등으로 말씀하셨다.

이것들이 바로 37보리분법이며, 결국 팔정도로 귀결된다. 불교의 수행은 팔정도를 근간으로 하는 37가지 깨달음의 편에 있는 법들(37보리분법, 助道法)로 정리된다. 37보리분법은 네 가지 마음챙김의 확립(四念處), 네 가지 바른 노력(四正勤), 네 가지 성취수단(四如意足), 다섯 가지 기능(五根), 다섯 가지 힘(五力), 일곱 가지 깨달음의 구성요소(七覺支), 여덟 가지 구성요소를 가진 성스러운 도(八正道)의 일곱 가지 주제로 되어 있으며, 이러한 주제에 포함된 법들을 다 합하면 37가지가 되기 때문에 전통적으로 이를 37보리분법 혹은 37조도법이라 불렀다.

37보리분법을 닦기 위해서는 우선 나(蘊)와 세상(處·界)과 진리(諦)와 괴로움의 발생구조와 소멸구조(緣起)에 대한 바른 이해가 선행되어야 한다. 이러한 이해는 37보리분법의 근간이 되는 팔정도의 첫 번째인 정견의 내용이며, 칠각지의 택법각지이며, 오근, 오력의 혜근, 혜력이기도 하다.

이렇게 나와 세상과 진리와 괴로움의 발생구조와 소멸구조에 대한 바른 이해를 가르치는 부처님 말씀을 교학(pariyatti) 혹은 교법이라 부르며 이런 체계를 법(Dhamma)이라 부른다.

부처님께서는 '나는 누구인가'라는 가장 중요한 질문에 대해서 '오온(五蘊, panca-kkhandha)'이라 말씀하신다. '나'라는 존재는 물질(몸뚱이, 色), 느낌(受), 인식(想), 심리현상들(行), 알음알이(識)의 다섯 가지 무더기(蘊)의 모임일 뿐이라는 것이다.

'세상은 무엇인가'에 대해서는 12처處(6내처와 6외처)와 18계(界, 요소, dhātu)로 말씀하신다. 눈, 귀, 코, 혀, 몸, 마음의 6가지 기관을 6내처 혹은 6근(根,기능), 이들의 대상이 되는 빛깔과 형태, 소리, 냄새, 맛, 닿는 것, 생각을 6외처 혹은 6경境이라고 하며 이들을 합쳐 12처라고 한다. '처'란 āyatana, 즉 들어오는 곳이란 의미이다. 그리고 6근이 6경을 만나 생기는 6가지 인식 작용을 6식識이라고 하고 12처와 합하여 18계라 한다.

연기와 사성제

연기

12연기는 부처님께서 숙명통을 통해 깨달으신 내용으로, 모든 생명체에 적용되는 행복과 불행, 선악의 보편적 법칙이다.

나와 세상은 그냥 존재하지 않는다. 그렇다고 조물주니 절대자니 신이니 하는 어떤 존재가 만들어 낸 것은 더더욱 아니다. 나와 세상은 조건발생이요 여러 조건(緣, paccaya)들이 얽히고설켜서 이루어진 것이다. 부처님께서는 나와 세상의 발생구조와 소멸구조를 철저하게 밝히시는데 이것이 바로 연기의 가르침이다.

『잡아함경』에는 연기의 공식이라고 할 수 있는 말씀이 나와 있다.

"이것이 있으면 저것이 있고, 이것이 생生하기에 저것이 생生한다.
이것이 없으면 저것이 없고, 이것이 멸滅하기에 저것이 멸滅한다."

『상윳따 니까야』「인연 상윳따」의 첫 번째 경인「연기경」은 12연기를 다음과 같이 정형화하고 있다.

"비구들이여, 무명無明을 조건으로 의도적 행위들(行)이, 의도적 행위들을 조건으로 알음알이(識)가,
알음알이를 조건으로 정신·물질(名色)이, 정신·물질을 조건으로 여섯 감각장소(六入)가,
여섯 감각장소를 조건으로 감각접촉(觸)이, 감각접촉을 조건으로 느낌(受)이,
느낌을 조건으로 갈애(愛)가, 갈애를 조건으로 취착(取)이,
취착을 조건으로 존재(有)가, 존재를 조건으로 태어남(生)이,
태어남을 조건으로 늙음, 죽음(老死)과 근심, 탄식, 육체적 고

통, 정신적 고통, 절망(憂悲苦惱)이 발생한다.

이와 같이 전체 괴로움의 무더기(苦蘊)가 일어난다. 비구들이여, 이를 일러 연기라 한다.

그러나 무명이 남김없이 빛바래어 소멸하기 때문에 의도적 행위들이 소멸하고, 의도적 행위들이 소멸하기 때문에 알음알이가 소멸하고,

알음알이가 소멸하기 때문에 정신·물질이 소멸하고, 정신·물질이 소멸하기 때문에 여섯 감각장소가 소멸하고, 여섯 감각장소가 소멸하기 때문에 감각접촉이 소멸하고,

감각접촉이 소멸하기 때문에 느낌이 소멸하고, 느낌이 소멸하기 때문에 갈애가 소멸하고, 갈애가 소멸하기 때문에 취착이 소멸하고, 취착이 소멸하기 때문에 존재가 소멸하고,

존재가 소멸하기 때문에 태어남이 소멸하고, 태어남이 소멸하기 때문에 늙음, 죽음과 근심, 탄식, 육체적 고통, 정신적 고통, 절망이 소멸한다. 이와 같이 전체 괴로움의 무더기가 소멸한다."

십이연기의 각 지분의 의미

  1. 무명無明: 삶의 의미와 사성제, 연기에 대한 무지

  2. 행行: 몸(身)·입(口)·생각(意)에 의한 업

  3. 식識: 안·이·비·설·신·의에 의한 육식六識

4. 명색名色: 정신과 육체, 즉 구체적 존재(오온의 덩어리)

5. 육입六入: 6가지 지각 영역(안·이·비·설·신·의)

6. 촉觸: 여섯 가지 지각 경험(6촉)

7. 수受: 6촉으로 일어난 고·락·불고불락의 느낌

8. 애愛: 색·성·향·미·촉·법에 대한 애착―욕애, 색애, 무색애

9. 취取: 색·성·향·미·촉·법에 대해 갖고자 하는 욕망―욕취, 견취, 개금취

10. 유有: 존재 일반―욕유, 색유, 무색유

11. 생生: 탄생

12. 노사老死: 늙음과 죽음

삼세양중인과三世兩重因果

이 12연기는 과거·현재·미래의 삼세에 걸쳐 일어나는 것으로 볼 수 있는데, 위 설명에서 보면 무명과 행은 과거의 원인이 되고, 식·명색·육입·촉·수까지는 현재의 결과, 애·취·유는 다시 현재의 원인이 되어 생·노사라는 미래의 결과를 만든다. 이렇게 과거, 미래, 현재의 삼세에 걸쳐 원인과 결과 그리고 다시 원인과 결과로 연기되기에 이를 삼세양중인과라 이름한다.

사성제四聖諦

이러한 연기적 관찰은 궁극적 진리(諦, sacca)라는 이름으로 체계

화되는데, 그것을 네 가지 성스러운 진리, 사성제라 부른다.

사성제는 첫째 괴로움의 성스러운 진리(苦聖諦), 둘째 괴로움의 일어남의 성스러운 진리(苦集聖諦), 셋째 괴로움의 소멸의 성스러운 진리(苦滅聖諦), 넷째 괴로움의 소멸로 인도하는 도 닦음의 성스러운 진리(苦滅道聖諦)이다.

1) 고성제苦聖諦

"비구들이여, 이것이 괴로움의 성스러운 진리이다.
태어남도 괴로움이다. 늙음도 괴로움이다.
병듦도 괴로움이다. 죽음도 괴로움이다.
싫어하는 대상과 만나는 것도 괴로움이다.
좋아하는 대상과 헤어짐도 괴로움이다.
원하는 것을 얻지 못하는 것도 괴로움이다.
요컨대 취착의 대상이 되는 다섯 무더기들(오취온) 자체가 괴로움이다."
-『초전법륜경』

일반적으로 이것은 사고四苦·팔고八苦로 정의된다. 사고는 생, 노, 병, 사이고, 팔고는 이 사고에다 애별리고愛別離苦와 원증회고怨憎會苦와 구부득고求不得苦와 오취온고五取蘊苦의 넷을 더한 것이다. 사고·팔고를 정리하면 생사生死 문제가 된다. 나고 죽음이 있기 때문에 괴로움이라는 것이다. 이것은 연기의 가르침의 결론인 '태어남을 조건으로 늙음, 죽음과 근심, 탄식, 육체적 고통, 정신적 고통, 절망이 생긴다'로 표현되기도 한다.

"도반 사리뿟따여, '괴로움, 괴로움'이라고들 합니다. 도대체 어떤 것이 괴로움입니까?"
"도반이여, 세 가지 괴로움의 성질이 있습니다. 그것은 고통스러운 괴로움의 성질(苦苦性), 형성된 괴로움의 성질(行苦性), 변화에 기인한 괴로움의 성질(壞苦性)입니다. 도반이여, 이러한 세 가지 괴로움의 성질이 있습니다."

이 셋을 간단하게 정리하면 다음과 같다.

고고성苦苦性: 중생의 삶은 고통스럽기 때문에 괴로움이다.
행고성行苦性: 본질적으로는 오온으로 형성되어 있는 것을 '나'라거나 '내 것'으로 취착(오취온)하기 때문에 괴로움이다.
괴고성壞苦性: 아무리 큰 행복일지라도 끝내 변하고 말기 때문에 괴로움이다.

2) 집성제集聖諦

괴로움은 아무 원인이 없이 그냥 일어나지 않는다. 괴로움이 일어나는 원인으로 부처님께서는 갈애를 말씀하신다. 무언가를 구하고 원하는 마음이다. 이 갈애가 근본 원인이 되어 중생들은 끝모를 생사윤회를 거듭하는 것이다. 물론 갈애만이 괴로움의 원인은 아니다. 무명과 성냄, 질투나 인색 등의 불선법들은 모두 괴로움의 원인이 되고 생사윤회의 원인이 되지만 부처님께서는 갈애를 가장 대표적인 원인으로 들고 계시는 것이다.

3) 멸성제滅聖諦

"비구들이여, 이것이 괴로움의 소멸의 성스러운 진리이다. 그것은 바로 그러한 갈애가 남김없이 빛바래어 소멸함, 버림, 놓아버림, 벗어남, 집착 없음이다."
-『초전법륜경』

여기에 대해서 주석서는 이렇게 설명한다.

"여기서 '남김없이 빛바래어 소멸함'이라는 등은 모두 열반의 동의어들이다. 열반을 얻으면 갈애는 남김없이 빛바래고 소멸하기 때문이다. 열반은 하나지만 그 이름은 모든 형성된 것들과 반대되는 측면에서 여러 가지이다. 즉 남김없이 빛바램, 남김없이 소멸함, 버림, 놓아버림, 벗어남, 집착 없음, 탐욕의 소멸, 성냄의 소멸, 어리석음의 소멸, 갈애의 소멸, 취착 없음, 생기지 않음, 표상 없음, 원한 없음, 업의 축적이 없음, 재생연결이 없음, 다시 태어나지 않음, 태어날 곳이 없음, 태어나지 않음, 늙지 않음, 병들지 않음, 죽지 않음, 슬픔 없음, 비탄 없음, 절망 없음, 오염되지 않음이다."

"도반 사리뿟따여, '열반, 열반'이라고들 합니다. 도대체 어떤 것이 열반입니까?"
"도반이여, 탐욕의 소멸, 성냄의 소멸, 어리석음의 소멸 이를 일러 열반이라고 합니다."
- 『상윳따 니까야』 제4권 「열반경」

4) 도성제道聖諦

"도반이여, 그러면 이러한 열반을 실현하기 위한 도가 있고 도 닦음이 있습니까?"
"도반이여, 이러한 열반을 실현하기 위한 도가 있고 도 닦음이 있습니다."
"도반이여, 그러면 어떤 것이 이러한 열반을 실현하기 위한 도이고 도 닦음입니까?"

"도반이여, 그것은 바로 여덟 가지 구성요소를 가진 성스러운 도이니, 바른 견해, 바른 사유, 바른 말, 바른 행위, 바른 생계, 바른 정진, 바른 마음 챙김, 바른 삼매입니다. 도반이여, 이것이 열반을 실현하기 위한 도이고 이것이 도 닦음입니다."

- 『상윳따 니까야』 제4권 「열반경」

"비구들이여, 이것이 괴로움의 소멸로 인도하는 도 닦음의 성스러운 진리이다. 그것은 바로 여덟 가지 구성요소를 가진 성스러운 도이니, 즉 바른 견해(正見), 바른 사유(正思惟), 바른 말(正語), 바른 행위(正業), 바른 생계(正命), 바른 정진(正精進), 바른 마음챙김(正念), 바른 삼매(正定)이다."

- 『초전법륜경』

이 정도로 부처님의 가르침에 대한 대략적인 설명을 마치고 지금부터는 좀 더 자세하게 세목별로 풀어가 보겠다.

나는 누구인가?

인류가 있어온 이래로 인간이 자신에게 던진 가장 많은 질문은 아마 '나는 누구인가, 그리고 세상은 무엇인가?'일 것이다. 인간과 신들의 스승이신 부처님께서도 당연히 이 질문에 대해서 대답하셨다. 중요한 질문이기에 아주 많이, 그것도 아주 강조해 말씀하셨다.

이에 대해 초기불전 도처에서 간단하고도 명료하게 '나는 오직 오온(panca-kkhandha)일 뿐'이라고 말씀하셨다. 즉 '나'라는 존재는 물질(몸뚱이, 色), 느낌(受), 인식(想), 심리현상들(行), 알음알이(識)의 다섯 가지 무더기(蘊)의 모임일 뿐이라는 것이다.

오온은 불교에 있어서 가장 기본이 되는 법수法數이다. 이처럼 '나는 누구인가?'라는 가장 기본적인 질문에 대해 부처님께서는 '나'라는 존재를 다섯 가지로 해체해서 설하고 계신다.

부처님 제자들 가운데 영감이 가장 뛰어난 분으로 칭송되는 왕기사 존자는 부처님을 '부분들로 해체해서 설하시는 분'이라고 찬탄하고 있으며, 부처님의 제자들도 스스로를 일러 위밧자와딘(vibhajjavādin), 즉 '해체를 설하는 이들'이라고 불렀다는 것만 보아도 '해체'가 진리를 추구함에 있어서 얼마나 중요한 주제인지를 알 수 있다.

우리 인간의 언어나 사고는 개념으로부터 벗어나기가 어렵다. 가령, 우리는 산이라는 말을 사용하지만 실제로 산이라는 것은 없다. 단지 많은 양의 흙과 돌과 그 위에 풀과 나무가 있는 것을 우리는 산이라고 부르는 것뿐이다. 돈, 권력, 신 등 다른 모든 것도 마찬가지이다.

이러한 해체의 궁극적 지향점은 개념(paññatti)의 해체이다. 우리 인간의 언어는 근본적으로 개념적일 수밖에 없는데, 이 개념적 존재를 해체할 때 온, 처, 계, 근, 제, 연 등으로 설해지는 법의 무상·고·무아가 극명하게 드러나게 되며, 이러한 무상이나 고나 무아를 통찰함으로서 그것들을 염오하게 되고 탐욕이 빛바래고 그래서 해탈. 열반. 깨달음을 실현하게 되는 것이다.

1) 물질의 무더기(色蘊)

물질은 변형되기에 물질이라고 한다. 차가움에 의해서, 더움에 의해서, 배고픔에 의해서, 목마름에 의해서, 파리, 모기, 바람, 햇빛, 파충류에 의해서 변형된다. 이렇게 변형되는 물질은 자아가 아니고 자아에 속하는 것도 아니고 실체가 없고 주인이 없다. 그래서 이들은 공空하다. 이러한 성질을 공함이라 한다.

법法들에는 개별적 특징(自相)과 보편적 특징(共相)이라는 두 가지 특징이 있다. 물질의 무더기는 변형되는 개별적 특징이 있다. 변형되는 것은 물질의 무더기에만 있고 느낌 등 그 외의 무더기에는 없기 때문에 개별적 특징(自相)이라 한다. 무상·고·무아라는 특징은 느낌 등 다른 무더기에도 있다. 그래서 이것을 보편적 특징(共相)이라 한다.

2) 느낌의 무더기(受蘊)

느낌(受, vedanā)은 감정적, 정서적, 예술적인 단초가 되는 심리현상이다. 느낌에 바탕을 두고 있는 심리현상들, 예를 들면 즐거운 느낌을 주는 것을 끌어당기는 심리현상인 탐욕이나, 싫어하는 대상을 밀쳐내는 심리현상인 성냄은 느낌의 영역에 속하는 것이 아니라 오온의 네 번째인 심리현상의 무더기(行蘊)에 속한다. 그래서 느낌을 감정적, 정서적인 단초가 되는 심리현상이라고 하는 것이다.

느낌에는 즐거운 느낌(樂受), 괴로운 느낌(苦受), 즐겁지도 괴롭지도 않은 느낌(不苦不樂受)의 세 가지가 있다.

"비구들이여, 그러면 왜 느낌이라고 부르는가?
느낀다고 해서 느낌이라 한다. 그러면 무엇을 느끼는가? 즐거움도 느끼고 괴로움도 느끼고 괴롭지도 즐겁지도 않는 것도 느낀다. 비구들이여, 이처럼 느낀다고 해서 느낌이라 한다."
- 『삼켜버림 경』

"느낀다는 것은 오직 느낌이 느끼는 것이지 다른 중생이나 개아個我가 느끼는 것이 아니다. 왜냐하면 느낌은 느끼는 특징을 가졌기 때문에 토대와 대상을 반영하여 느낌이 오직 느끼는 것이다."

3) 인식의 무더기(想蘊)

인식은 지식이나 철학, 사상이나 이념과 같은 우리의 이지적인 심리현상들의 밑바탕이 되는 것이다. 그래서 인식은 우리의 견해나 사상과 관계가 있다. 그러나 어리석음이나 통찰지나 사견邪見과 같은 심리현상은 인식을 토대로 한 것이지만 인식의 영역에 속하지 않고 오온의 네 번째인 심리현상의 무더기(行蘊)에 속하는 것으로 분류된다.

"비구들이여, 그러면 왜 인식이라고 하는가?
인식한다고 해서 인식이라고 한다. 그러면 무엇을 인식하는가? 푸른 것도 인식하고 노란 것도 인식하고 빨간 것도 인식하고 흰 것도 인식한다.
비구들이여, 이처럼 인식한다고 해서 인식이라 한다."
-『삼켜버림 경』

인식은 대상을 받아들여 이름을 짓고 개념을 일으키는 작용이다. 그런데 이런 개념작용은 또 무수한 취착을 야기하고 해로운 심리작용을 일으키기 때문에 초기 경의 여러 문맥에서 인식은 부정적이고 극복되어야 할 것으로 언급되고 있다.

최초기 가르침인『숫따니빠따』제4장에서도 인식은 견해와 더불어 극복되어야 할 것으로 나타나며, 특히 '희론하는 인식

(papañca-saññā)'을 가지지 말 것을 강조하고 있다. 버리고 극복되어야 할 대표적인 인식으로 『금강경』에는 자아가 있다는 인식(我想), 개아가 있다는 인식(人相), 중생이 있다는 인식(衆生想), 영혼이 있다는 인식(壽者相)을 들고 있다.

"비구들이여, 네 가지 인식의 전도, 마음의 전도, 견해의 전도가 있다. 무엇이 넷인가?
비구들이여, 무상에 대하여 항상하다는 인식의 전도, 마음의 전도, 견해의 전도가 있다. 괴로움에 대하여 행복이라는 인식의 전도, 마음의 전도, 견해의 전도가 있다. 무아에 대하여 자아라는 인식의 전도, 마음의 전도, 견해의 전도가 있다. 부정한 것에 대하여 깨끗하다는 인식의 전도, 마음의 전도, 견해의 전도가 있다.
비구들이여, 이러한 네 가지 인식의 전도, 마음의 전도, 견해의 전도가 있다."
- 『앙굿따라 니까야』「전도경」

우리가 멸진정에 들지 않는 한 이러한 인식으로부터 벗어날 수 없다. 인식이 마음과 함께 일어나기 마련인 것이라면 해탈·열반에 방해가 되는 존재론적인 인식은 버리고 해탈·열반에 도움이 되는 인식들을 개발해야 할 것이다. 즉, 자아니 대아니 진아니 영혼이니 일심이니 하는 존재론적인 실체가 있다고 희론하는 인식이나 고정관념을 여의고, 5온·12처·18계로 분류되는 존재 일반이 모두 무상無常이요 고苦요 무아無我라고 인식하는 습관을 길러 필경에는 무상·고·무아를 꿰뚫는 통찰지를 완성해야 할 것이다.

4) 심리현상들(行蘊)의 무더기

행온의 행은 '심리현상들'을 뜻하며, 항상 복수로 나타나는데 『청정도론』에서는 느낌과 인식을 제외한 50가지를 들고 있다. 그리고 느낌(受), 인식(想)과 심리현상들(行)은 '마음과 함께 일어나고 마음과 함께 멸하며 동일한 대상과 동일한 토대를 가지는 심소법心所法'으로 아비담마에 정리되어 있다.

"비구들이여, 그러면 왜 심리현상들이라고 부르는가?
형성된 것을 계속 형성한다고 해서 심리현상들이라고 한다. 그러면 어떻게 형성된 것을 계속해서 형성하는가? 물질이 물질이게끔 형성된 것을 계속해서 형성한다. 느낌이 느낌이게끔 형성된 것을 계속해서 형성한다. 인식이 인식이게끔 형성된 것을 계속해서 형성한다. 심리현상들이 심리현상이게끔 형성된 것을 계속해서 형성한다. 알음알이가 알음알이이게끔 형성된 것을 계속해서 형성한다.
비구들이여, 이렇듯 형성된 것을 계속해서 형성한다고 해서 심리현상들이라고 한다."
- 『삼켜버림 경』

여기에서 한 가지 짚고 넘어갈 것은, 우리가 '행'으로 옮기는 상카라(sankhara)에는 크게 네 가지 의미가 있다. 첫째, 제행무상諸行無常과 제행개고諸行皆苦의 문맥에서 제행(sabbe sankhārā)으로 나타나는데 항상 복수로 쓰인다. 이 경우의 제행은 열반을 제외한 물질적이고 정신적인 모든 유위법들을 뜻한다.

둘째, 오온의 네 번째인 행온으로 나타나는데, 이 경우에도 예외 없이 복수로 쓰인다.

셋째, 12연기의 두 번째 구성요소인 무명연행無明緣行으로 나타난다. 12연기에서의 행도 항상 복수로 쓰이며, '업 지음들' 혹은 '의도적 행위들'로 해석된다.

넷째, 몸과 말과 마음으로 짓는 세 가지 행위, 즉 신행·구행·의행으로 나타난다. 이때의 행도 의도적 행위이다.

5) 알음알이의 무더기(識蘊)

"비구들이여, 그러면 왜 알음알이라고 부르는가?
식별한다고 해서 알음알이라고 한다. 그러면 무엇을 식별하는가? 신 것도 식별하고 쓴 것도 식별하고 매운 것도 식별하고 단 것도 식별하고 떫은 것도 식별하고 떫지 않은 것도 식별하고 짠 것도 식별하고 싱거운 것도 식별한다.
비구들이여, 이처럼 식별한다고 해서 알음알이라고 한다."
-『삼켜버림 경』

알음알이는 단지 여섯 감각기능을 통해 대상을 아는 작용을 뜻한다. 알음알이(識, viññāna)와 마노(意, mano)와 마음(心, citta)은 동의어이다. 이에 대해 유념해야 할 몇 가지를 알아보자.

첫째, 마음 혹은 알음알이는 조건 발생이다. 감각 장소와 대상이라는 조건이 없이 독자적으로 일어나는 마음은 존재할 수 없다.

둘째, 마음은 단지 대상을 아는 것뿐이다. 그 이상도 이하도 아니다.

셋째, 마음은 단지 오온 가운데 하나일 뿐이다. 마음을 절대화하면 안 된다. 마음을 절대화하면 즉시 외도의 자아이론이나 진인이론으로 떨어지게 된다. 우리 불교인들이 가장 유념하고 고뇌해야 할 부분이다.

넷째, 마음은 무상하여 실체가 없는 것(無我)이다. 실체가 없는 오온을 절대화하는 것을 부처님께서는 유신견이라 하시며 중생을 중생이게끔 얽어매는 열 가지 족쇄 가운데 첫 번째로 꼽으셨다.

다섯째, 마음은 찰나생 찰나멸한다. 그래서 부처님께서도 『앙굿따라 니까야』 「하나의 모음」에서 "비구들이여, 이것과 다른 어떤 단 하나의 법도 이렇듯 빨리 변하는 것을 나는 보지 못하나니, 그것이 바로 마음(citta)이다. 비구들이여, 마음이 얼마나 빨리 변하는지 그 비유를 드는 것도 쉽지 않다."라고 말씀하셨다.

여섯째, 마음은 단지 흐름(相續, santati)일 뿐이다. 마음은 마음을 일어나게 하는 근본원인인 갈애와 무명으로 대표되는 탐욕·성냄·어리석음(탐진치)이 다할 때까지 흐르는 것(相續)이다.

존재란 무엇인가?

'존재란 무엇인가, 세상은 무엇인가, 일체란 무엇인가?'에 대한 부처님의 가르침이 바로 12처 혹은 6내외처이다. 오온이 불교의 인간관이라면 6내외처는 불교의 세계관을 담고 있는 가르침이라 할 수 있다. 세계란 시간적 구분인 과거·현재·미래 삼세의 세世와 공간적 구분인 욕계·색계·무색계 삼계의 계界를 합친 말이다. 욕계는 감각적 욕망이 있는 세상이며, 색계는 물질적인 것은 있지만 감각적 욕망으로부터 떠난 청정한 세상으로 따라서 남녀의 구별이 없다. 무색계는 육체와 물질의 속박에서 벗어난 정신적 세상이며, 이곳의 중생들은 형상이 없다.

육처는 여섯 감각장소로 직역이 되며, 이것은 다시 눈·귀·코·

혀·몸·마노의 여섯 가지 안의 감각장소와 형색·소리·냄새·맛·감촉·법의 여섯 가지 밖의 감각장소로 구성되어 있다. 그래서 12처라고 표현하기도 하고 더 정확하게 6내외처라고 표기하기도 한다. 세존께서는 이 안의 6가지 감각장소와 밖의 6가지 감각장소를 일체(세상)라고 정의하시고, 이 12가지 외에 다른 일체는 세울 수 없다고 말씀하신다.

중국에서는 산스끄리뜨 원어의 '이쪽으로 온다'는 문자적인 의미를 중시하여 입入으로 번역하기도 하고, 이 말이 장소의 의미로 쓰이므로 처處라고 옮기기도 하였다. 부처님께서는 세상과 존재하는 모든 것(일체)은 모두 안과 밖이 만나는 것, 즉 눈이 형색과, 귀가 소리와, 코가 냄새와, 혀가 맛과, 몸이 감촉과, 마노가 법과 부딪히는 것을 떠나서는 존재할 수 없다는 것을 육처의 가르침을 통해 강조하고 계신다.

이렇듯 이 세상을 12처로 해체해서 보면 세상이란 자체는 개념(paññatti)일 뿐 실제가 아니라는 것을 분명하게 밝히신 것이며, 세상은 영원한가 등에 대한 부처님의 답변이라 할 수 있다. 18계는 6내처에서 다시 6식, 즉 6가지 알음알이를 독립시킨 것이다. 안의 감각장소 가운데서 마노의 감각장소, 즉 의처를 나라고, 영원한 마음이라고 자칫 집착할까 봐 이를 다시 6식으로 분류해낸 것이다.

이렇게 나와 세상을 6내외처로 18계로 해체하여 보면 그것들의 실상이 무상·고·무아임이 분명하게 드러나고, 이를 꿰뚫어 알아 체득하여 이들에 대한 염오-이욕-소멸 혹은 염오-이욕-해탈-구경해탈지를 일으켜 해탈·열반을 실현하는 것이 바로 부처님의 가르침이다.

어떻게 해탈·열반을 실현할 것인가?

'나'라는 존재나 '세상'이라는 존재 등의 존재일체(개념, paññatti)의 고유성질들(自相)을 법(dhamma)이라는 기준으로 해체해서 이 법들의 보편적 성질(共相)인 무상·고·무아를 확철하여 해탈·열반·깨달음을 실현하는 것이다. 그러므로 법의 자상自相을 통한 공상共相의 확인이 바로 부처님 가르침의 본질이라 하겠다.

그러면 해탈·열반을 실현하는 구체적 방법은 어떠한 것이 있는가? 바로 37가지 깨달음의 편에 있는 법들, 즉 37보리분법(助道品)이다. 나열하면 다음과 같다.

1. 네 가지 마음챙김의 확립(四念處)
2. 네 가지 바른 노력(四正勤)
3. 네 가지 성취수단(四如意足)
4. 다섯 가지 기능(五根)
5. 다섯 가지 힘(五力)
6. 일곱 가지 깨달음의 구성요소(七覺支)

7. 여덟 가지 구성요소를 가진 성스러운 도(팔지성도=八正道)

그럼 지금부터 이들을 차례로 알아보자.

네 가지 마음챙김(四念處)

네 가지 마음 챙김의 확립

마음챙김은 일견 '마음을 챙김'으로 이해할 수 있겠지만 그 구체적인 의미는 '마음이 대상을 챙김'이다. 몸과 느낌과 마음과 법(身·受·心·法)에서 그것들의 더러움(不淨), 괴로움(苦), 무상無常, 무아無我를 파악하여, 그것들이 깨끗하고, 행복하고, 항상하고, 자아가 있다는 소위 상常·락樂·아我·정淨의 인식을 버리는 역할을 성취하면서 일어난다. 그래서 네 가지 마음챙김의 확립이라 한다.

『디가 니까야 주석서』에 다음과 같은 옛 스님의 말씀을 인용하고 있는데, 마음챙김에 관한 요긴한 설명이다.

"여기에 마치 송아지 길들이는 자가
송아지를 기둥에 묶는 것처럼
자신의 마음을 마음챙김으로써
대상에 굳게 묶어야 한다."

이처럼 마음챙기는 공부에서 가장 중요한 것은 대상이다. 마음챙김은 대상에 깊이 들어가고, 대상을 거머쥐고, 대상에 확립되어 해로운 표상이나 해로운 심리현상들이 일어나지 못하도록 마음을 보호하는 역할을 한다.

부처님의 육성이 생생히 살아있는 초기 경들 가운데 실참 수행법을 설하신 경들을 찾아보면『디가 니까야』「대념처경」과 『맛지마 니까야』「들숨날숨에 마음챙기는 경」과「몸에 마음챙기는 경」의 셋을 들 수 있다. 이 가운데「대념처경」은『맛지마 니까야』에「염처경」으로도 나타나는데, 이것은 불교 수행법을 몸(身)·느낌(受)·마음(心)·법(法)의 네 가지 주제로 집대성한 경으로 초기 수행법에 관한 한 가장 중요한 경이며, 그렇기 때문에 가장 유명한 경이기도 하다.

마음챙김(念, sati)으로 대표되는 초기 불교 수행법은 이 경을 토대로 지금까지 전승되어 오고 있으며, 부처님 당시부터의 수행법으로 잘 알려진 사마따·위빠사나 수행법은 모두 이 경을 토대로 하여 가르쳐지고 있다 해도 과언이 아니다.

몸(身)은 더러우며(不淨觀), 아무리 좋은 느낌(受)도 결국에는 괴로움(苦)이며, 마음(心)은 찰나생 찰나멸하여 무상無常하며, 오온으로 대표되는 법法에는 '아'가 없다(無我)고 공부 짓는 것이 사념처 수행법이다.

사마따·위빠사나는 중국에서 지관止觀수행이라고 부르는데,

사마따는 삼매(定) 수행으로, 멈출 지止를 쓴 이유는 이것이 멈추는 수행이기 때문이다. 그럼 무엇을 멈춤인가? 몸의 움직임을 멈추면 이윽고 몸이 사라지고, 생각을 신身·수受·심心·법法의 한 대상에 모아 생각이 사라지면 니미따(빛의 표상)에 이어서 삼매(定)가 찾아오는 것이다. 그리고 이 삼매의 힘으로 법들의 무상·고·무아를 사유하여 깨달음의 지혜를 얻는 것이 바로 위빠사나 수행, 즉 '관觀' 수행이다. 이것을 정혜쌍수, 즉 삼매(定)와 깨달음의 지혜(慧)를 동시에 닦는다고 한다.

이렇게 하여 무상無常을 꿰뚫어 알아서 체득한 해탈을 표상 없는 해탈, 무상無相해탈이라 하고, 고苦를 꿰뚫어 알아 증득한 해탈을 원함 없는 해탈, 무원無願해탈이라 하고, 무아無我를 꿰뚫어 알아 요달한 해탈을 공空해탈이라 한다.

부처님께서도 「욕망의 빛바램 경」(S47: 32)에서 이렇게 말씀하신다.

"비구들이여, 네 가지 마음챙김의 확립을 닦고 많이 공부 지으면 그것은 염오로 인도하고,
욕망의 빛바램으로 인도하고, 소멸로 인도하고, 고요함으로 인도하고, 최상의 지혜로 인도하고,
바른 깨달음으로 인도하고, 열반으로 인도한다."

들숨날숨에 마음챙기는 공부(Anapana-sati: 出入息念)

앞에서 설명한 네 가지 마음챙김의 대상 중에서 몸이라는 마음챙김의 대상은 다시 14가지로 구성되는데 이 가운데 첫 번째이자 가장 중요하며 보편적인 수행법이 바로 들숨날숨에 마음챙김(ānāpāna-sati)이다. 부처님께서도 이 수행을 통해서 증득한 초선이 깨달음을 얻는 길이라고 판단하셨다는 언급이 『맛지마 니까야』「긴 삿짜까 경」에 나타난다.

또한 『맛지마 니까야』「들숨날숨에 마음챙기는 경」에서 해제를 늦추시면서까지 여러 비구들에게 들숨날숨에 마음챙기는 공부를 독려하고 계시며, 역시 『맛지마 니까야』「긴 라훌라 교계경」에서 당신의 외아들인 라훌라 존자에게도 이 들숨날숨에 마음챙기는 공부를 가르치고 계신다.

여러 주석서들도 아난다 존자 등 중요한 직계 제자들도 이 공부를 통해 아라한과를 얻었다고 언급하고 있다.

이처럼 들숨날숨에 마음챙기는 공부는 불교 수행에서 각별한 위치를 차지하고 있다.

「들숨날숨 상윳따」의 모든 경들에서 나타나고 있는 들숨날숨에 마음챙기는 공부의 열여섯 단계는 다음과 같다.

1. 길게 들이쉬면서 '길게 들이쉰다'고 꿰뚫어 알고, 길게 내쉬면서 '길게 내 쉰다'고 꿰뚫어 안다.

2. 짧게 들이쉬면서 '짧게 들이쉰다'고 꿰뚫어 알고, 짧게 내쉬면서 '짧게 내 쉰다'고 꿰뚫어 안다.
3. '온몸을 경험하면서 들이쉬리라'고 꿰뚫어 알고, '온몸을 경험하면서 내 쉬리라'며 공부 짓는다.
4. '몸의 작용(신행)을 편안히 하면서 들이쉬리라'며 ….
5. '희열을 경험하면서 들이쉬리라'며 ….
6. '행복을 경험하면서 들이쉬리라'며 ….
7. '마음의 작용을 경험하면서 들이쉬리라'며 ….
8. '마음의 작용을 편안히 하면서 들이쉬리라'며 ….
9. '마음을 경험하면서 들이쉬리라'며 ….
10. '마음을 기쁘게 하면서 들이쉬리라'며 ….
11. '마음을 집중하면서 들이쉬리라'며 ….
12. '마음을 해탈케 하면서 들이쉬리라'며 ….
13. '무상을 관찰하면서 들이쉬리라'며 ….
14. '탐욕이 빛바램으로 관찰하면서 들이쉬리라'며 ….
15. '소멸을 관찰하면서 들이쉬리라'며 ….
16. '놓아버림을 관찰하면서 들이쉬리라'며 ….

이 16단계는 다시 네 개의 무리로 분류되어 네 가지 마음챙김의 확립의 각각에 배대되어, 1~4의 넷을 사념처의 신념처身念處에, 5~8은 수념처受念處에, 9~12는 심념처心念處에, 13~16은 법념처法念處에 각각 해당한다고 설하고 계신다.

네 가지 바른 노력(四正勤)

『상윳따 니까야』「동쪽으로 흐름 경」에 나타나는 네 가지 바른 노력의 정의를 살펴보면,

"비구들이여, 네 가지 바른 노력이 있다. 무엇이 넷인가?
여기 비구는 아직 일어나지 않은 사악하고 해로운 법(不善法)들을 일어나지 못하게 하기 위해서 열의를 생기게 하고 정진하고 힘을 내고 마음을 다잡고 애를 쓴다.
이미 일어난 사악하고 해로운 법들을 제거하기 위하여 열의를 생기게 하고 정진하고 힘을 내고 마음을 다잡고 애를 쓴다.
아직 일어나지 않은 유익한 법(善法)들을 일어나도록 하기 위해서 열의를 생기게 하고 정진하고 힘을 내고 마음을 다잡고 애를 쓴다.
이미 일어난 유익한 법들을 지속시키고 사라지지 않게 하고 증장시키고 충만하게 하고 닦아서 성취하기 위해서 열의를 생기게 하고 정진하고 힘을 내고 마음을 다잡고 애를 쓴다."

이 네 가지 바른 노력(四正勤)은 팔정도의 여섯 번째인 바른 정진(正精進)의 내용이고, 오근·오력의 두 번째인 정진의 기능(精進

根)과 정진의 힘(精進力)의 내용이며, 칠각지의 세 번째인 정진의 깨달음의 구성요소(精進覺支)의 내용이기도 하다.

그러면 무엇이 유익한 법(善法)이고 무엇이 해로운 법(不善法)인가? 주석서들은 다음과 같이 설명한다.

"유익함(kusala)이란 능숙함에서 생겼으며 비난받을 일이 없는 행복한 과보를 가져 오는 것이다. 해로움(akusala)이란 능숙하지 못함에서 생겼으며 비난받을 과보를 가져오는 것이다."
"능숙함은 지혜(ñāṇa)를 말한다. 이것과 결합된 것을 유익함이라 한다. 그래서 유익함이란 지혜를 갖춘 것이다."

네 가지 성취수단(四如意足)

성취수단은 iddhi-pāda를 성취-수단으로 직역한 것이며, 중국에서는 여의족如意足으로 옮겼다. 성취수단에는 네 가지가 있는데 그것은 열의(chanda), 정진(viriya), 마음(citta), 검증(vīmaṁsa)이다. 경에서 성취수단의 정형구는 다음과 같이 정형화되어서 나타난다.

"여기 비구는 열의를 주로 한 삼매와 노력의 의도적 행위를 갖춘 성취수단을 닦는다. 정진을 주로 한 삼매와 노력의 의도적 행위를 갖춘 성취수단을 닦는다. 마음을 주로 한 삼매와 노력의 의도적 행위를 갖춘 성취수단을 닦는다. 검증을 주로 한 삼매와 노력의 의도적 행위를 갖춘 성취수단을 닦는다."

여기서 보듯이 네 가지 성취수단에서의 성취는 특히 삼매의 성취를 말한다. 물론 이러한 삼매와 특히 제4선에 자유자재해야 신통도 성취된다고 주석서들은 말한다. 그래서 제4선을 신통의 토대가 되는 선이라고 한다.

다섯 가지 기능(五根)

인간이라는 존재를 인간이 가진 기능이나 특수하고 고유한 능력의 측면에서 22가지로 해체해서 보는데, 이것을 다시 여섯 가지 감각기능과 다섯 가지 느낌과 믿음, 정진, 마음챙김, 삼매, 통찰지의 다섯 가지 기능과 남자와 여자, 그리고 생명의 세 가지 특수한 기능과 예류도로부터 아라한까지의 여덟 단계의 성자들이 가지는 세 가지 능력으로 하여 크게 다섯 부분으로 나누어 이를 오근五根이라 한다.

22가지 기능(根, indriya)을 나열하면 눈의 기능, 귀의 기능, 코의 기능, 혀의 기능, 몸의 기능, 여자의 기능, 남자의 기능, 생명기능, 마노의 기능(意根), 육체적 즐거움의 기능(樂根), 육체적 괴로움의 기능(苦根), 정신적 즐거움의 기능(喜根), 정신적 괴로움의 기능(憂根), 평온의 기능(捨根), 믿음의 기능(信根), 정진의 기능(精進

根), 마음챙김의 기능(念根), 삼매의 기능(定根), 통찰지의 기능(慧根), 구경의 지혜를 가지려는 기능(未知當知根), 구경의 지혜의 기능(已知根), 구경의 지혜를 구족한 기능(具知根)이다.

다섯 가지 기능을 조화롭게 닦는 것이 중요한데『청정도론』에서는 이렇게 말한다.

"기능(根)을 조화롭게 유지함이란 믿음 등의 기능들을 조화롭게 만드는 것이다. 만약 그에게 믿음의 기능이 강하고 나머지 기능들이 약하면 정진의 기능이 분발하는 역할을 할 수 없고, 마음챙김의 기능이 확립하는 역할을 할 수 없고, 삼매의 기능이 산만하지 않는 역할을 할 수 없고, 통찰지의 기능이 있는 그대로 보는 역할을 할 수 없다. 그러므로 그 믿음의 기능은 법의 고유성질(自相)을 반조함에 의해서 조절해야 한다. 만약 마음에 잡도리할 때 그것이 강해진다면 마음에 잡도리하지 않음에 의해서 조절해야 한다.

만약 정진의 기능이 강하면 믿음의 기능이 확신하는 역할을 실행할 수 없고, 나머지 기능들도 각자의 기능을 실행할 수 없다. 그러므로 고요함(輕安) 등을 수행하여 그 정진의 기능을 조절해야 한다."

여기서 특별히 믿음과 통찰지의 균등함과 삼매와 정진의 균등함을 권한다. 믿음이 강하고 통찰지가 약한 사람은 미신이 되고, 근거 없이 믿는다. 통찰지가 강하고 믿음이 약한 자는 교활한 쪽으로 치우친다. 이것은 약으로 인해 생긴 병처럼 치료하기가 어렵다. 두 가지 모두 균등함을 통해서 믿을 만한 것을 믿는다.

 삼매는 게으름으로 치우치기 때문에 삼매가 강하고 정진이 약한 자는 게으름에 의해 압도된다. 정진은 들뜸으로 치우치기 때문에 정진이 강하고 삼매가 약한 자는 들뜸에 의해 압도된다. 삼매가 정진과 함께 짝이 될 때 게으름에 빠지지 않는다. 정진이 삼매와 함께 짝이 될 때 들뜸에 빠지지 않는다. 그러므로 그 둘 모두 균등해야 한다. 이 둘이 모두 균등하여 본삼매를 얻는다.

 삼매를 공부하는 자에게 강한 믿음이 적당하다. 이와 같이 믿고 확신하면서 본삼매를 얻는다. 삼매와 통찰지 가운데서 삼매를 공부하는 사람에게 마음의 하나됨이 강한 것이 적당하다. 이와 같이 하여 그는 본삼매를 얻는다.

 위빠사나를 공부하는 자에게 통찰지가 강한 것이 적당하다. 이와 같이 그는 무상·고·무아의 세 가지 특상에 대한 통찰을 얻는다. 그러나 둘이 모두 균등하여 본삼매를 얻는다.

 마음챙김은 모든 곳에서 강하게 요구된다. 마음챙김은 마음이 들뜸으로 치우치는 정진으로 인해 들뜸에 빠지는 것을 보호하고, 게으름으로 치우치는 삼매로 인해 게으름에 빠지는 것을 보호한다. 그러므로 이 마음챙김은 모든 요리에 맛을 내는 소금과 향료처럼, 모든 정치적인 업무에서 일을 처리하는 대신처럼 모든 곳에서 필요하다.

　그래서 세존께서도 "마음챙김은 모든 곳에서 유익하다. 무슨 이유인가? 마음은 마음챙김에 의지하고, 마음챙김은 보호로 나타난다. 마음챙김이 없이는 마음의 분발과 절재란 없다."라고 말씀하셨다.

다섯 가지 힘(五力)
『상윳따 니까야』「기능 상윳따」「사께따경」에서 세존께서는 "믿음의 기능이 곧 믿음의 힘이고 믿음의 힘이 곧 믿음의 기능이다. 정진의 기능이 곧 정진의 힘이고 정진의 힘이 곧 정진의 기능이다. 마음챙김…, 삼매…, 통찰지의 기능이 곧 통찰지의 힘이고 통찰지의 힘이 곧 통찰지의 기능이다."라고 말씀하셨다. 즉, 기능들과 힘들은 단지 다른 각도에서 같은 요소들을 쳐다보는 차이에 지나지 않는다.

　주석서의 설명에 의하면, 믿음은 확신 등의 측면에서 보면 믿음의 기능이 되고, 불신에 흔들리지 않는 측면에서 보면 믿음의 힘이 된다. 정진은 분발하는 측면에서 보면 정진의 기능이 되고, 게으름에 흔들리지 않는 측면에서 보면 정진의 힘이 된다. 또한 확립과 마음챙김을 놓아버림에 흔들리지 않는 측면에서 각각 마음챙김의 기능과 마음챙김의 힘이 되고, 산란하지 않음과 산란함에 흔들리지 않는 측면에서 각각 삼매의 기능과 삼매의 힘이 되고, 꿰뚫어 앎과 무명에 흔들리지 않는 측면에서 통찰지의 기능과 통찰지의 힘이 된다.

그래서 『아비담마 길라잡이』에서는 "기능(根)들은 그 각각의 영역에서 지배하는 요소들이고, 힘(力)들은 반대되는 것들에 의해서 흔들리지 않고 이들과 함께하는 법法들을 강하게 만드는 요소"라고 설명하고 있다.

일곱 가지 깨달음의 구성요소(七覺支)

깨달음의 구성요소란 무엇인가?

깨달음의 구성요소는 모두 일곱 가지로 정리되어 나타나고 이를 '일곱 가지 깨달음의 구성요소'라 부른다. 중국에서는 칠각지라 옮겼으며, 다음과 같다.

1) 마음챙김의 깨달음의 구성요소(念覺支)

마음챙김의 깨달음의 구성요소를 확립시키는 법들이 있어 거기에 지혜롭게 마음에 잡도리하기를 많이 공부 지으면 이것이 아직 일어나지 않은 마음챙김의 깨달음의 구성요소를 일어나게 하고 이미 일어난 마음챙김의 깨달음의 구성요소를 늘리고 드세게 만들고 수행을 성취하는 자양분이다. 나아가서 네 각지 법이 있어 마음챙김의 깨달음의 구성요소를 일어나게 하니, (1) 마음챙기고 분명히 알아차림(正念, 正知), (2) 마음챙김을 잊어버린 사람을 피함, (3) 마음챙김을 확립한 사람을 친근함, (4) 마음챙김을 확신함이다.

2) 법을 간택하는 깨달음의 구성요소(擇法覺支)

유익하거나 해로운 법들, 나무랄 데 없는 것과 나무라야 마땅한 법들, 받들어 행해야 하는 것과 받들어 행하지 말아야 하는 법들, 고상한 것과 천박한 법들, 흑백으로 상반되는 갖가지 법들이 있어 거기에 지혜롭게 마음을 잡도리하기를 많이 공부 지으면 이것이 아직 일어나지 않은 법을 간택하는 깨달음의 구성요소를 일어나도록 하고 이미 일어난 법을 간택하는 깨달음의 구성요소를 늘리고 드세게 만들고 수행을 성취하는 자양분이다. 여기에는 일곱 가지 법들이 법을 간택하는 깨달음의 구성요소를 일어나게 하니, (1) 탐구함, (2) 토대(몸)를 깨끗하게 함, (3) 기능(5근)을 조화롭게 닦음, (4) 지혜 없는 사람을 피함, (5) 지혜로운 사람을 친근함, (6) 심오한 지혜로 행해야 할 것에 대해 반조함, (7) 법의 간택을 확신함이다.

3) 정진의 깨달음의 구성요소(精進覺支)

정진을 시작하는 요소와 벗어나는 요소와 분발하는 요소가 있어 거기에 지혜롭게 마음에 잡도리하기를 많이 지으면 이것이 아직 일어나지 않은 정진의 깨달음의 구성요소를 일어나도록 하고 이미 일어난 정진의 깨달음의 구성요소를 늘리고 드세게 만들고 수행을 성취하는 자양분이다. 11가지 법이 있어 정진의 깨달음의 구성요소를 일어나게 하니, (1) 악처 등의 두려움을 반조함, (2) 이점利點을 봄, (3) 가야 할 길의 과정을 반조함, (4) 탁발한 음식을 공경함, (5) 정법의 유산의 위대함을 반조함, (6) 부처님의 위대함을 반조함, (7) 태생의 위대함을 반조함, (8) 동료 수행자들의 위대함을 반조함, (9) 게으른 사람을 멀리함, (10) 부지런히 정진하는 자를 친근함, (11) 정진에 대해 마음을 기울임이다.

4) 희열의 깨달음의 구성요소(喜覺支)

희열의 깨달음의 구성요소를 확립시키는 법들이 있어 거기에 지혜롭게 마음에 잡도리하기를 많이 지으면 이것이 아직 일어나지 않은 희열의 깨달음의 구성요소를 일어나도록 하고 이미 일어난 희열의 깨달음의 구성요소를 늘리고 드세게 만들고 수행을 성취하는 자양분이다.

11가지 법이 희열의 깨달음의 구성요소를 일어나게 하니, (1) 부처님을 계속해서 생각함(隨念), (2) 법을 계속해서 생각함, (3) 승가를 계속해서 생각함, (4) 계戒를 계속해서 생각함, (5) 관대함을 계속해서 생각함, (6) 천신을 계속해서 생각함, (7) 고요함을 계속해서 생각함, (8) 거친 자를 멀리함, (9) 인자한 자를 섬김,

(10) 신심을 일으키는 경들을 반조함, (11) 희열에 대해 마음을 기울임이다.

5) 고요함의 깨달음의 구성요소(輕安覺支)

몸의 고요함과 마음의 고요함이 있어 거기에 지혜롭게 마음에 잡도리하기를 많이 지으면 이것이 아직 일어나지 않은 고요함의 깨달음의 구성요소를 일어나도록 하고 이미 일어난 고요함의 깨달음의 구성요소를 늘리고 드세게 만들고 수행을 성취하는 자양분이다.

일곱 가지 법이 고요함의 깨달음의 구성요소를 일어나게 하니, (1) 좋은 음식을 수용함, (2) 안락한 기후에 삶, (3) 편안한 자세를 취함, (4) 적절한 노력, (5) 포악한 사람을 멀리함, (6) 몸이 편안한 사람을 친근함, (7) 고요함에 대해 마음을 기울임이다.

6) 삼매의 깨달음의 구성요소(定覺支)

사마타의 표상과 산란함이 없는 표상이 있어 거기에 지혜롭게 마음에 잡도리하기를 많이 지으면 이것이 아직 일어나지 않은 삼매의 깨달음의 구성요소를 일어나도록 하고 이미 일어난 삼매의 깨달음의 구성요소를 늘리고 드세게 만들고 수행을 성취하는 자양분이다.

11가지 법이 있어 삼매의 깨달음의 구성요소를 일어나게 하니, (1) 토대(몸)를 깨끗하게 함, (2) 모든 기능들을 고르게 조절함, (3) 표상에 대해 능숙함, (4) 적당한 때에 마음을 분발함, (5) 적당한 때에 마음을 절제함, (6) 적당한 때에 격려함, (7) 적당한 때에 평온하게 함, (8) 삼매에 들지 않은 사람을 멀리함, (9) 삼매에 든 사람을 친근함, (10) 선禪과 해탈을 반조함, (11) 삼매에 대해 마음을 기울임이다.

7) 평온의 깨달음의 구성요소(捨覺支)

평온의 깨달음의 구성요소를 확립시키는 법들이 있어 거기에 지혜롭게 마음에 잡도리하기를 많이 지으면 이것이 아직 일어나지 않은 평온의 깨달음의 구성요소를 일어나도록 하고 이미 일어난 평온의 깨달음의 구성요소를 늘리고 드세게 만들고 수행을 성취하는 자양분이다.

다섯 가지 법이 있어 평온의 깨달음의 구성요소를 일어나게 하니, (1) 중생에 대한 중립적인 태도, (2) 형성된 것들(行)에 대한 중립적인 태도, (3) 중생과 형성된 것들에 대해 애착을 가지는 사람을 멀리함, (4) 중생과 형성된 것들에 대해 중립을 지키는 사람을 친근함, (5) 평온에 대해 마음을 기울임이다.

깨달음의 구성요소에 대한 부처님의 정의는 「비구경」에 나타나고 있다. 이 경을 통해서 보면 칠각지는 '깨달음으로 인도하는 요소들', 즉 '세간적인 도'로 설명되고 있다. 그리고 「계戒경」에서는 칠각지가 순서대로 발생한다는 설명은 이러한 사실을 잘 뒷받침해 주고 있다.

그리고 경전들에서 칠각지는 다섯 가지 장애와 반대되는 개념으로 나타난다. 예를 들면 『상윳따 니까야』 「덮개경」에 의하면 다섯 가지 장애는 '덮개요 장애여서 이것은 마음을 압도하고 통찰지를 무력하게 만들지만 칠각지는 덮개가 아니요 장애가 아니며 마음의 오염원이 아니니 이를 닦고 많이 공부 지으면 명지와 해탈의 결실을 실현함으로 인도한다'라고 나타난다.

팔정도八正道

팔지성도(ariya aṭṭhthaṅgika magga)
팔정도는 여덟 가지 항목으로 구성되어 있는데, 『상윳따 니까야』 「분석경」에 따르면 그것은 다음과 같다.

1. 바른 견해(正見, sammā-diṭṭhi)
2. 바른 사유(正思惟, sammā-saṅkappa)
3. 바른 말(正語, sammā-vācā)
4. 바른 행위(正行, sammā-kammanta)
5. 바른 생계(正命, sammā-ājīva)
6. 바른 정진(正精進, sammā-vāyāma)

7. 바른 마음챙김(正念, sammā-sati)
8. 바른 삼매(正定, sammā-samādhi)

첫째, 바른 견해(正見)는 "괴로움에 대한 지혜, 괴로움의 일어남에 대한 지혜, 괴로움의 소멸이 대한 지혜, 괴로움의 소멸로 인도하는 도 닦음에 대한 지혜"로 정의되고 있다. 한마디로 바른 견해는 사성제에 대한 지혜를 말한다.

그리고 『상윳따 니까야』 「깟짜나곳따경」에서 무엇이 바른 견해인가를 묻는 깟짜나곳따 존자에게 부처님께서는 "깟짜야나여, 모든 것이 있다는 것은 하나의 극단이다. 모든 것이 없다는 것은 두 번째 극단이다. 깟짜야나여, 여래는 이들 두 극단을 따르지 않고 중中(가운데)에 의지해서 법을 설한다."라고 명쾌하게 말씀하신 뒤 12연기의 유전문과 환멸문의 정형구로 이 중中(가운데)을 표방하신다. 즉, 연기의 가르침이야말로 바른 견해이다.

이처럼 바른 견해는 사성제에 대한 지혜와 연기의 가르침으로 정리된다. 그런데 사성제 가운데 집성제는 연기의 유전문(苦의 발생구조)과 연결되고, 멸성제는 연기의 환멸문(苦의 소멸구조)과 연결된다. 그러므로 사성제와 연기의 가르침은 같은 내용을 담고 있으며 이것을 바르게 아는 것이 팔정도의 정견이다.

둘째, 바른 사유(正思惟)는 "출리(욕망에서 벗어남)에 대한 사유, 악의 없음에 대한 사유, 해코지 않음(不害)에 대한 사유"로 정의

된다.

바른 사유는 부처님께서 늘 강조하신 불자들이 세상과 다른 사람에 대해 항상 지녀야 할 바른 생각, 즉 자애, 연민, 더불어 기뻐함, 평온의 네 가지 거룩한 마음가짐(四無量心)을 가지는 것이라 할 수 있다.

셋째, 바른 말(正語)은 "거짓말을 삼가고, 중상모략을 삼가고, 욕설을 삼가고, 잡담을 삼가는 것"으로 정의하고 있다.

넷째, 바른 행위(正業)는 "살생을 삼가고, 도둑질을 삼가고, 삿된 음행을 삼가는 것"이다.

여기에서 삿된 음행은 출가자는 모든 성행위를, 재가자는 부부관계 이외의 성행위를 금하는 것을 말한다.

다섯째, 바른 생계(正命)는 "삿된 생계를 제거하고 바른 생계로 생명을 영위하는 것"이다.

출가자는 무소유와 걸식으로 삶을 영위해야 하며 특히 사주, 관상, 점 등으로 생계를 유지해서는 안 된다. 재가자는 정당한 직업을 통해서 생계를 유지해야 하며, 무기장사, 사람장사, 동물장사, 술장사, 독물장사를 해서는 안 된다.

여섯째, 바른 정진(正精進)은 "아직 일어나지 않은 사악하고 해로운 법(不善法)들을 일어나지 못하게 하기 위해서, 이미 일어난 사악하고 해로운 법들을 제거하기 위해서, 아직 일어나지 않은 유익한 법(善法)들을 일어나도록 하기 위해서, 이미 일어난 유익한 법들을 사라지지 않게 하고 증장시키기 위해 의욕을 생기게 하고 정진하고 힘을 내고 마음을 다잡고 애를 쓰는 것"이다.

일곱째, 바른 마음챙김(正念)은 "몸에서 몸을 관찰하고, 느낌에서 느낌을 관찰하고, 마음에서 마음을 관찰하고, 법에서 법을 관찰하면서 세상에 대한 욕심과 싫어하는 마음을 버리고 근면하게, 분명히 알아차리고 마음챙기며 머무는 것"이다.

바른 마음챙김은 팔정도가 제시하는 구체적인 수행기법이다. 부처님께서는 '나'라는 존재를 몸뚱이(身), 느낌(受), 마음(心), 심리현상들(法)로 해체해서 이 중의 하나에 집중한 뒤, 그것의 무상함과 괴로움과 무아를 통찰할 것을 강조하고 계신다.

여덟째, 바른 삼매(正定)는 바른 마음챙김을 통해 초선, 제2선, 제3선, 제4선에 들어 머무는 것이다.

이러한 바른 삼매에 들기 위해서는 감각적 욕망, 악의, 해태. 혼침, 들뜸. 후회, 의심이라는 다섯 가지 장애(五蓋)를 반드시 제거해야 한다. 이러한 장애들이 극복되어 마음의 행복과 고요와 평화가 가득한 경지를 순차적으로 정리한 것이 네 가지 선이며 이를 바른 삼매라 한다.

주지하다시피 부처님 최초의 설법은 바로 팔정도이다. 부처님의 최초의 설법을 담고 있는 『초전법륜경』에는 이렇게 나타난다.

이와 같이 나는 들었다. 한때 세존께서는 바라나시에서 이시

빠따나의 녹야원에 머무셨다. 거기서 세존께서는 다섯 비구를 불러 말씀하셨다.

"비구들이여, 출가자가 가까이 하지 않아야 할 두 가지 극단이 있다. 무엇이 둘인가?

그것은 저열하고 촌스럽고 범속하고 성스럽지 못하고 이익을 주지 못하는 감각적 욕망들에 대한 쾌락의 탐닉에 몰두하는 것과, 괴롭고 성스럽지 못하고 이익을 주지 못하는 자기학대에 몰두하는 것이다. 비구들이여, 이러한 두 가지 극단을 의지하지 않고 여래는 중도를 완전하게 깨달았나니 이 중도는 안목을 만들고 지혜를 만들며, 고요함과 최상의 지혜와 바른 깨달음과 열반으로 인도한다."

"비구들이여, 그러면 어떤 것이 여래가 완전하게 깨달았으며, 안목을 만들고 지혜를 만들며, 고요함과 최상의 지혜와 바른 깨달음과 열반으로 인도하는 중도인가?

그것은 바로 여덟 가지 구성요소를 가진 성스러운 도(八支聖道)이니, 바른 견해(正見), 바른 사유(正思惟), 바른 말(正語), 바른 행위(正業), 바른 생계(正命), 바른 정진(正精進), 바른 마음챙김(正念), 바른 삼매(正定)이다.

비구들이여, 이것이 바로 여래가 완전하게 깨달았으며, 안목을 만들고 지혜를 만들며,

고요함과 최상의 지혜와 바른 깨달음과 열반으로 인도하는 중도이다."

- 『상윳따 니까야』 제6권 「초전법륜경」

세존의 임종 직전에 마지막으로 제자가 된 수밧다 유행승에게 팔정도가 있기 때문에 불교 교단에는 진정한 사문이 있다고 하신 아래 「대반열반경」의 말씀은 불교 만대의 지침이 되는 대사자후이시다.

"수밧다여, 어떤 법과 율에서든 여덟 가지 구성요소를 가진 성스러운 도(八支聖道)가 없으면 거기에는 사문이 없다. 거기에는 두 번째 사문도 없다. 거기에는 세 번째 사문도 없다. 거기에는 네 번째 사문도 없다.
수밧다여, 그러나 어떤 법과 율에서든 여덟 가지 구성요소를 가진 성스러운 도(八支聖道)가 있으면 거기에는 사문이 있다. 거기에는 두 번째 사문도 있다. 거기에는 세 번째 사문도 있다. 거기에는 네 번째 사문도 있다.
수밧다여, 이 법과 율에는 여덟 가지 구성요소를 가진 성스러운 도가 있다.
수밧다여, 그러므로 오직 여기에만 사문이 있다. 여기에만 두 번째 사문이 있다. 여기에만 세 번째 사문이 있다. 여기에만 네 번째 사문이 있다. 다른 교설들에는 사문들이 텅 비어 있다. 수밧다여, 이 비구들이 바르게 머문다면 세상에는 아라한들이 텅 비지 않을 것이다."

- 『디가 니까야』 「대반열반경」

이와 같이 부처님께서는 최초 설법도 중도인 팔정도로 시작하셨고 최후의 설법도 팔정도로 마무리하셨다. 그만큼 이 팔정도의 가르침이 중요하다는 것이다. 바르게 이해하고 바르게 실천하여야 할 것이다.

도(magga)와 과(phala)

이 부분은 제2장 실참수행편 말미에 자세히 나와 있기 때문에 여기에서는 간략하게 설명한다.

네 가지 도(magga, 깨달음)와 그에 따른 네 가지 과(phala, 결실)가 있으니 이를 사도사과四道四果 혹은 사향사득四向四得 또는 사쌍팔배四雙八輩라 이름한다. 이 네 가지 도의 마음이 일어나기 전에 반드시 그것에 대한 지혜의 마음인 고뜨라부(gotrabhu, 種性)가 일어난다. 네 가지 도 가운데 예류도, 일래도, 불환도는 아직 닦을 것이 남았다고 하여 유학도有學道라고 하고, 아라한도는 더 이상 닦을 것이 없다고 하여 무학도無學道라고 한다.

그럼 네 가지 도와 과의 종류와 내용을 알아보자.

1) 예류(sotāpatti)도와 과

깨달음의 첫 단계로 이제 성자의 길에 들어섰다고 하여 예류자라 한다. 그러나 아직 탐욕과 악의가 남아 있어 신이나 인간 세상을 일곱 번 윤회한 뒤 끝낼 수 있다.

2) 일래(sakadāgami)도와 과

깨달음의 두 번째 단계로 미세한 탐욕과 악의 등이 아직 남아 있어 한 번 더 이 세상에 와야 괴로움을 끝낼 수가 있다.

3) 불환(anāgami)도와 과

깨달음의 세 번째 단계로 이제 남아 있는 탐욕과 자만, 들뜸, 무명을 남김없이 버리고 네 번째 경지를 얻기 위해 수행하며, 정거천에 화생하여 그곳에서 열반에 들고 다시는 돌아오지 않는 법을 얻는다.

4) 아라한(arahan)도와 과

깨달음의 마지막 단계로 번뇌가 다한 자리요, 마지막 몸을 가진 자리요, 짐을 내려놓았고, 참된 이상을 실현했고, 존재의 족쇄를 풀었고, 바른 구경의 지혜(paññā, 구경지)로 해탈했고, 신을 포함한 인간 중에서 최고의 공양을 받을만한 자리이다.

제2장 실참수행에 관하여: 호흡수행을 중심으로*

생존하신 불교 수행 스승들 중에서 가장 올바른 길을 제시하고 있는 분 중의 한 분이 바로 이 시대의 아라한으로 잘 알려진 태국 아진 차 스님의 제자이신 아잔 브람 스님이 아닌가 한다.

스님의 법어는 여러 책으로 정리되어 나왔지만 그중에서도 가장 체계적이면서도 세밀하게 엮어진 것이 바로 혜안 스님이 옮기고 궁리 출판사에 펴낸 『놓아버리기』이다.

필자가 수행에 어려움을 겪고 힘들었을 때, 수행의 과정을 너무나 쉽고 간결하게 설명한 이 책으로 많은 도움을 받았기에 핵심 부분을 발췌하여 여기 소개한다. 더불어 처음 수행에 입문하는 분들을 위해 자세 등의 기본적인 것들을 간단히 말씀드리겠다.

---

* 흔쾌히 게재를 허락하여 주신 혜안 스님께 진심으로 감사드립니다.

호흡 수행은 대부분 앉아서 하는 수행이기 때문에 앉는 자세가 중요하다. 앉는 자세에는 결가부좌라 하여 양쪽 발을 두 허벅지 안에 모두 넣는 방식이 있고, 반가부좌라 하여 한쪽 발만 한쪽 허벅지에 넣는 방식이 있고, 두 발 모두 허벅지에 넣지 않고 편안히 두는 평좌의 세 종류가 있다. 동양인의 경우 신체 특성상 대부분 반가부좌를 선호하는 편이나, 오랫동안 앉아 수행하기 위해서는 아무래도 평좌가 척추나 무릎에 가장 무리가 적은 방식이다.

좌복은 방석 두 장을 한 장은 밑에 깔고 다른 한 장은 반으로 접어 엉덩이 부분을 받쳐 주는 정도의 호사를 누려도 좋으리라. 그러나 좌복을 깔고 앉아서 하는 수행이 절대적인 것은 아니다. 혹 몸이 불편하다거나 형편이 여의치 않을 때는 의자 같은 것에 앉아서도 얼마든지 가능하다.

그다음, 양손은 무릎 위에 놓고 손바닥을 위로 하고 엄지와 검지를 살짝 닿게 한다. 턱은 자연스럽게 당기고 목이 가장 편한 정도로 고개를 숙인 다음 눈을 감는다. 허리는 편안하게 세운다. 입은 닫고 혀는 윗니에 댄다. 숨은 가장 편한 방식으로 쉬면 된다. 그리고 숨이 닫는 비강 부분에 집중하며 아래에 나오는 호흡 수행 16단계의 1, 2, 3, 4항처럼 숨쉬기의 전 과정에 유의하며 호흡에 마음을 모은다. 수행은 처음부터 너무 오랜 시간 하면 질릴 수도 있으니 처음에는 한 번에 30분 정도 하다가 차츰 시간을 늘려 가면 되리라.

그리고 수행에 앞서 영원한 스승이신 부처님께 경배드리고 자기 자신과 가족, 친지, 이웃, 그리고 모든 중생들이 행복하게 살아가도록 기도를 드리고 시작한다. 이때 한 사람 한 사람 얼굴을 떠올리며 이름을 암송하며 기도하면 좋다.

수행을 마치면 오늘도 이렇게 수행할 수 있게 해준 것에 대해 부처님께 감사드리고, 앉은 자세에서 다리, 무릎, 허리, 어깨 등을 풀어준 다음, 일어나서 좌복을 정리한 다음 천천히 걸음을 옮기며 다리를 들고, 옮기고, 내리고, 닿고, 누르는 각 단계에서 발의 움직임에 마음을 모으는 걷기 수행으로 마무리한다.

음식의 맛은 설명으로는 체감할 수 없다. 수행도 마찬가지이다. 직접 체험해 보아야 한다. 그리고 어떤 수행이든지 하루아침에 익숙해지지 않는다. 꾸준한 노력이 필요하다.

수식법數息法

잡념을 떨치고 호흡에 마음을 모으는 방편으로 호흡을 헤아리는 수식법이 『청정도론』에 나온다. 초심자는 물론이요 호흡수행이 어느 정도 익숙해진 중급자들에게도 도움이 되겠기에 여기 소개한다.

호흡을 하나에서 열까지 그리고 다시 아홉, 여덟로 해서 하나까지 거꾸로 세는 것이다. 처음에는 천천히 센다. 요령은 들숨에 하, 날숨에 나, 들숨에 두, 날숨에 울, 들숨에 세, 날숨에 엣, 들숨에 네, 날숨에 옛, 들숨에 다, 날숨에 섯, 들숨에 여, 날숨에 섯, 들숨에 일, 날숨에 곱, 들숨에 여, 날숨에 덟, 들숨에 아, 날숨에 홉, 들숨에 여, 날숨에 을 하고 다시 들숨에 아, 날숨에 홉, 들숨에 여, 날숨에 덟 하여 하나까지 내려온다.

호흡이 충분히 고요해지면 이제 빠르게 센다. 요령은 들숨에 하나, 날숨에 둘, 들숨에 셋, 날숨에 넷. 이렇게 하여 열까지 센 다음 들숨에 아홉, 날숨에 여덟로 해서 하나까지 내려온다. 그리하여 충분히 호흡에 마음챙김이 되면 헤아림을 멈추고 호흡이 닿는 곳으로 돌아간다.

사성제四聖諦 중의 두 번째인 고집성제苦集聖諦인 갈애(tanhā)는 '어떤 형태로든 무엇인가 바라는 마음'이다. 이것이 괴로움의 원인이다. 무엇인가 바라고 원하는 마음을 놓아버려야 고요히 머물 수 있다.

마음챙김과 자애로움으로 몸을 대하면 이윽고 몸은 사라진다. 천 겹의 꽃잎을 가진 연꽃의 첫 번째 꽃잎이 열리고 두 번째 꽃잎에 햇살이 닿는다. 몸이 사라지고 그 안에 있는 마음의 영역에 들어서게 되는 것이다.

그러나 사람들은 텔레비전이 꺼져 있어도 텔레비전 세트 자체는 존재하는 것처럼 생각하거나 망상이 일어나지 않아도 마음 그 자체는 항상 있는 것으로 생각한다.

「일어남 경」(S47:42)을 비롯한 여러 경전에서 부처님께서 말씀하시듯 마음이 일어나는 원인은 '나마 루빠(nāma-rūpa)', 즉 명색名色이다. 명색이 있어 마음이 일어나고, 명색이 소멸하면 마음이 소멸한다. 이처럼 명색이 있으면 그것을 아는 '마음'이 있고, 명색이 사라지면 그것을 아는 '마음'도 함께 사라진다. 마음이 원인에 의해 일어나고 사라진다는 것을 이해하면 마음이 자아가 아니라는 것을 깨닫게 된다. 이 '나'라는 것은 내부가 비어 있는 것이다.

어떤 사람들은 마음이 사라지면 어디로 가는지 묻는데, 불이 꺼지면 그 불은 어디로 가는가? 불은 그저 꺼진다. 소멸된 마음이 어디로 가느냐고 묻는 것은 불이 어디로 가느냐고 묻는 것과 같다.

"길은 있으나 길을 가는 자는 없고, 열반은 있으나 열반을 얻는 자는 없다."
- 『청정도론』

선정은 자기 자신이 사라지는 곳이다.

다른 모든 것이 사라진 후에도 남는 것이 호흡이기 때문에 부처님께서 호흡수행을 가르치신 것이다. 모든 것을 내려놓으면 호흡이 다가온다.

호흡이 고요해지도록 그대로 놓아두는 것이 중요하다. 고요해지도록 놓아두면 정지하고, 정지한 것은 사라진다. 이 과정이 삼매 수행이다.

호흡수행의 16단계

『맛지마 니까야』「들숨날숨에 대한 마음챙김 경(Ānāpānasati Sutra)」(M 118)에는 '전면前面에 마음챙김을 확립하여'라는 구절이 있다. 여기에서 전면에 마음챙김을 확립한다는 것은 마음챙김에 가장 우선순위를 두고 다른 어떤 것보다 중요한 것으로 삼는다는 의미이다. 즉, '마음챙김의 자리잡음을 가장 우선순위에 두고'라는 뜻이다. 호흡수행을 시작하기 전에 먼저 마음챙김이 자리잡아야 하는 것이다.

1. 길게 들이쉬면서 '길게 들이쉰다'고 꿰뚫어 알고, 길게 내쉬면서 '길게 내쉰다'고 꿰뚫어 안다.
2. 짧게 들이쉬면서 '짧게 들이쉰다'고 꿰뚫어 알고, 짧게 내쉬면서 '짧게 내쉰다'고 꿰뚫어 안다.
3. '온몸을 경험하면서 들이쉬리라'며 공부 짓고, '온몸을 경험하면서 내쉬리라'며 공부 짓는다.
4. '몸의 작용을 편안히 하면서 들이쉬리라'며 공부 짓고, '몸의 작용을 편안히 하면서 내쉬리라'며 공부 짓는다.
5. '희열을 경험하면서 들이쉬리라'며 공부 짓고, '희열을 경험하면서 내쉬리라'며 공부 짓는다.

6. '행복을 경험하면서 들이쉬리라'며 공부 짓고, '행복을 경험하면서 내쉬리라'며 공부 짓는다.
7. '마음의 작용을 경험하면서 들이쉬리라'며 공부 짓고, '마음의 작용을 경험하면서 내쉬리라'며 공부 짓는다.
8. '마음의 작용을 편안히 하면서 들이쉬리라'며 공부 짓고, '마음의 작용을 편안히 하면서 내쉬리라'며 공부 짓는다.
9. '마음을 경험하면서 들이쉬리라'며 공부 짓고, '마음을 경험하면서 내쉬리라'며 공부 짓는다.
10. '마음을 기쁘게 하면서 들이쉬리라'며 공부 짓고, '마음을 기쁘게 하면서 내쉬리라'며 공부 짓는다.
11. '마음을 고요히 하면서 들이쉬리라'며 공부 짓고, '마음을 고요히 하면서 내쉬리라'며 공부 짓는다.
12. '마음을 해탈하게 하면서 들이쉬리라'며 공부 짓고, '마음을 해탈하게 하면서 내쉬리라'며 공부 짓는다.
13. '무상을 관찰하면서 들이쉬리라'며 공부 짓고, '무상을 관찰하면서 내쉬리라'며 공부 짓는다.
14. '탐욕이 빛바램을 관찰하면서 들이쉬리라'며 공부 짓고, '탐욕이 빛바램을 관찰하면서 내쉬리라'며 공부 짓는다.
15. '소멸을 관찰하면서 들이쉬리라'며 공부 짓고, '소멸을 관찰하면서 내쉬리라'며 공부 짓는다.
16. '놓아버림을 관찰하면서 들이쉬리라'며 공부 짓고, '놓아버

림을 관찰하면서 내쉬리라'며 공부 짓는다.
　-『맛지마 니까야』「들숨날숨에 대한 마음챙김 경」(M 118)

　불교의 정수는 부처님의 깨달음에 있다. 오래전 인도에서 유행승 고타마는 어린 시절 초선정初禪定의 경험을 떠올렸다. 그리고 이 선정(禪定, jhāna)이 깨달음으로 가는 길이라는 사실을 인식했다(MN36). 그는 큰 강가의 둑에 있는 조용한 숲으로 갔다. 그리고 무화과나무(부처님께서 깨달음을 얻고 나서는 보리수라고 불린다) 그늘 아래에 앉아 수행했다. 그가 이용한 수행 방법은 들숨과 날숨을 알아차리는 '호흡명상(ānāpāna-sati, 隨息觀)'이었다. 이 수행을 통해 그는 선정에 들었다 나왔다. 그리고는 곧 깨달음의 통찰을 얻었다. 그 후로 그는 부처님이라고 불리게 되었다.
　부처님께서는 그의 남은 생애 동안 계속해서 호흡명상을 가르치셨다. 이 방법은 부처님께 깨달음을 선사했던 최상의 수행이었다. 그는 이 방법을 사원과 도시에 있는 모든 그의 제자들에게 알려주었다. 이 가장 중요한 수행 방법은 오늘날까지 많은 경전 중 일부에서, 특히 근본 경전인『맛지마 니까야』의「호흡명상의 경」(MN 118)에서 전해지고 있다.
　부처님께서는 호흡명상을 예비단계와 뒤따르는 16단계로 설명하셨다. 16단계 중 처음 12단계는 선정에 들기 위한 가르침이고, 마지막 4단계는 선정에서 나왔을 때 무엇을 해야 하는지에 대한 가르침이다.

예비단계
고요한 장소와 편안한 자리

먼저 부처님께서는 사람, 소리, 또는 모기 같은 것들에 의해 방해받지 않는 고요한 장소로 가라고 말씀하셨다. 어떤 스승들은 시장이나 복잡한 도로의 자동차 안에서도 수행할 수 있다고 주장한다. 그러나 이런 얕은 수행은 깨달음으로 이끌지 못할 것이다. 부처님께서는 고요한 장소를 찾아다녀야 한다고 일관되게 말씀하셨다. 터프가이들은 모기가 들끓는 밀림이나 호랑이가 지나다니는 길에서 수행하기를 원할지도 모른다. 하지만 이것은 선정의 편안함이 아니라 인내심만을 기르기 마련이다. 오히려 부처님께서는 당신이 깨달음을 얻었던 보드가야와 비슷한 과수원이나 공원 같은 쾌적한 장소를 칭찬하셨다.

그다음에는 편안한 자리에 앉으라. 방석이나 벤치 또는 지나치게 편안하지 않는 한 의자에 앉을 수도 있다. 호흡명상에서 성공하기 위해 요구되는 안락함은 여러분의 몸이 긴 시간 동안 편안하게 있을 수 있을 정도이다. 불교도들은 깨진 유리나 못이 박힌 침대 위에 앉지 않는다. 부처님조차도 보리수 아래에서 풀로 만든 방석을 이용하셨다. 결가부좌 자세로 다리를 꼬고, 등을 꼿꼿하게 세울 필요도 없다. 나는 경험을 통해, 가장 비전통적인 자세로도 수행에서 성공할 수 있다는 사실을 알고 있다. 자세의 목적은 불편함을 제거해서 가능한 한 빨리 이 몸을 놓아버리기 위한 것일 뿐이다.

호흡명상의 전체 16단계는 부처님께서 보리수 아래에서 하셨던 것처럼 좌선자세가 가장 적합하다. 걷기명상을 할 때는 주의력을 호흡이 아니라 발에 두어야 한다. 서 있을 때도 이것은 똑같이 적용된다. 그리고 깨닫지 못한 수행자들이 누워서 호흡을 지켜보려 하면 대개 잠들어 버린다. 그러니 좌선자세에서 호흡명상을 익혀라.

알아차림 확립하기

이제 여러분은 '전면前面'에 알아차림을 확립해야 한다. 부처님께서 '전면에'라고 말씀하셨을 때, 이것은 코끝이나 윗입술 혹은 눈의 전면 어디에 주의력을 둔다는 의미가 아니었다. 어떤 것을 전면에 둔다는 것은 이것을 중요하게 여긴다는 의미이다. 따라서 이 예비적 가르침은 알아차림을 우선시해서 알아차림을 확립하라는 의미이다.

'예비수준의 알아차림'은 수행 기본방법의 두 단계인 '현재 순간 알아차리기'와 다음 단계인 '생각 없이 현재 순간 알아차리기'를 수행함으로써 확립된다. 지금까지 설명된 사실로 볼 때, 주의력이 과거나 미래에서 방황할 때는 바로 지금 일어나고 있는 것을 분명하게 알아차리지 못한다. 생각하고 있거나 어디에 주의를 기울이고 있을 때조차도, 역시 주의력은 순수한 현재의 경험이 아니라 말에 있다. 그러나 지금 무엇이 일어나고 있든지 그것을 마음의 바로 전면에서 '고요하게 다른 생각 없이' 알아차리고 있다면, 여러분은 호흡명상의 시작에 필요한 수준의 알아차림을 확립한 것이다.

정말 많은 수행자들이 너무 빨리 호흡명상으로 넘어간다. 그들은 예비적인 가르침을 통해 먼저 적절한 알아차림을 확립하지 못했다. 그래서 문제에 빠진다. 이것은 되풀이 지적해도 지나치지 않다. 그들은 마음속에서 호흡을 전혀 유지할 수 없다. 그리고 더 안 좋은 경우에는, 강력한 의지력으로 고집스럽게 호흡을 잡다가 결국 수행을 시작하기 전보다 더 피곤해진다.

이것은 불교의 호흡명상에 악명을 더한다.

16단계

16단계 중 1단계와 2단계: 긴 호흡과 짧은 호흡 경험하기

부처님께서는 먼저 긴 호흡을 경험하고, 그다음 짧은 호흡을 경험하라고 말씀하신다. 하지만 이 가르침을 완수하기 위해 호흡을 조절할 필요는 없다. 호흡의 조절은 불편함만을 일으킬 뿐이다. 그 대신, 호흡이 긴지 혹은 짧은지를 알 수 있을 정도로만 호흡을 지켜보면 된다. 비록 경전에 언급되지는 않았지만, 이 말씀은 길지도 짧지도 않은 중간 정도의 호흡도 지켜보라는 가르침을 포함하고 있다.

수행을 처음 시작할 때, 몸에 드나드는 공기의 느낌만을 지켜보면 재미가 없을 수도 있다. 이 가르침은 여러분에게 볼거리를 더 제공해 준다. 이것이 이 가르침의 목적이다. 이것을 호흡에 대한 알아차림을 더욱 흥미롭게 만든다. 종종 나는 이 단계에서 들숨과 날숨 중 어느 것이 더 긴지를 알아차려 보라고 제자들에게 권한다. 들숨과 다음 날숨 사이의 간격과 날숨과 그다음 이어지는 들숨 사이의 간격 중 어느 것이 더 긴가? 들숨의 감각이 날숨의 감각과 같은가?

이것은 긴 호흡과 짧은 호흡을 경험하라는 부처님의 가르침과 같은 역할을 한다. 이것은 알아차림에 지켜볼 거리를 더 제공해 준다. 그래서 지루하지 않게 해준다.

이 단계에서 쓸 수 있는 또 다른 방법은 들숨과 날숨 주위에 아름다운 이야기를 만드는 것이다. 우리가 들이마시는 산소는 정원이나 숲의 식물들에 의해 끊임없이 보충되고 있다. 그리고 사람들이 내쉬는 이산화탄소는 바로 그 식물들의 음식이 된다. 나는 이러한 사실을 상기해 보라고 제자들에게 말한다. 이렇게, 여러분이 꽃과 나무로부터의 소중한 선물을 들이마시고, 여러분을 둘러싸고 있는 푸른 자연에 똑같이 소중한 선물을 돌려준다고 상상해 보라. 호흡은 여러분을 생기 넘치는 모든 식물들과 친밀하게 연결시켜 주고 있다. 이렇게 행복하게 자신의 호흡을 인식하면, 한결 쉽게 호흡을 따라갈 수 있다.

  태국 숲속 전통에서는 호흡에 염불을 더했다. 숨을 들이쉴 때 '붓(Bud)'이라고 생각하고, 숨을 내쉴 때 '도(Dho)'라고 생각한다. 이 두 음절은 빨리어로 부처님을 의미한다. 이것도 역시 이러한 초기 단계에서 호흡을 쉽게 따라가게 해준다.

3단계: 전체 호흡 경험하기

3단계는 '호흡의 전체 과정을 경험하기'이다. 빨리어로는 '삽바-까야-빠디삼웨디(sabba-kāya-patisamvedī)'이다. 일부 스승들은 빨리어 용어 '까야(kaya)'를 신체적 몸을 의미하는 것으로 오해한다. 그래서 이제 주의력을 신체적 몸 전체의 모든 감각에 두어야 한다고 잘못 생각한다. 이것은 오류다. 부처님께서는 호흡 과정을 "전체들 중 하나의 어떤 전체(kaya)"라고 「호흡명상의 경」(MN 118, 24)에서 명확하게 말씀하셨다. 더구나 호흡명상의 처음 12단계는 알아차림의 대상을 점점 단순하게 만드는 과정이다. 그것을 더 복잡하게 만드는 것이 아니다. 따라서 이 3단계는 알아차림이 더욱 예민해져서 호흡 과정의 모든 감각을 충분히 지켜볼 수 있게 되는 단계이다.

  여러분은 정지상태에서 들숨이 일어나기 시작하는 순간부터 알아차린다. 그리고 들숨의 감각이 순간순간 발전해서 그 정점에 이르고, 점차 사라져서 완전히 가라앉을 때까지 지켜본다. 여러분은 들숨과 다음 날숨 사이의 멈춘 순간도 명확하게 지켜볼 수 있다. 여러분의 마음은 고양이가 쥐를 기다리는 것 같은 주의력을 가지고 다음 날숨의 시작을 기다린다. 그리고 날숨의 첫 느낌이 시작되는 순간을 지켜본다. 여러분은 이 감각이 순간순간 움직이면서, 발전해서 또한 정점에 이르고, 가라앉고, 그다음 다시 완전히 사라지는 것을 지켜본다. 그다음, 날숨과 바로 뒤따르는 들숨 사이의 멈춘 순간을 관찰한다. 이 과정을 숨 쉴 때마다 반복할 수 있다면, 전체 호흡을 경험하는 3단계를 완수한 것이다.

호흡명상의 3단계를 설명할 때, 나는 인도의 고전인 『마하바라타』에 실린 스승과 세 제자에 관한 이야기를 예로 든다. 스승은 궁술로 제자들에게 명상을 가르치고 있다. 오랫동안 세 제자를 가르친 후, 스승은 그들의 능력을 가늠해 보기 위해 시험을 해본다.

그는 솜으로 채워진 인형 새 한 마리를 가져왔다. 그리고 제자들로부터 멀리 떨어진 나뭇가지에 이것을 정성들여 고정한다. 이렇게 먼 거리에서 화살로 그 새를 꿰뚫기 위해서는 놀라운 수준의 기술이 필요하다. 그러나 스승은 제자들에게 이렇게 지시한다. "나는 너희들이 새의 몸통 어딘가를 맞추길 원치 않는다. 이 시험을 통과하려면 새의 왼쪽 눈을 꿰뚫어야 한다. 그것이 과녁이다." 그것은 거의 불가능한 것이었다.

그는 첫 번째 제자에게 활과 화살 하나를 주었다. 그리고 마음을 과녁과 하나로 만드는 명상을 먼저 한 후에 화살을 쏘아야 한다고 말했다. 원하는 만큼 시간을 소요해도 좋다고 말하고, 하지만 화살을 쏘기 전에 스승에게 신호를 줄 것을 주문했다.

삼십 분 후, 첫 번째 제자가 준비가 되었다는 신호를 했다. 스승은 그에게 잠깐만 기다리라고 하고 물었다. "나무 위의 새가 보이느냐?" 집중된 시선을 거두지 않으며 제자가 대답했다. "네." 그러자 스승은 제자를 옆으로 밀치고 활과 화살을 낚아채며 말했다. "어리석은 녀석! 돌아가서 어떻게 수행하는지 다시 배워라."

그는 활과 화살을 두 번째 제자에게 건네고, 똑같은 지시를 했다. 이 제자는 한 시간이 지나서야 활을 쏠 준비가 됐다고 스승에게 신호를 주었다. "나무 위의 새가 보이느냐?" 스승이 물었다. "무슨 나무요?" 제자가 대답했다. 그러자 스승은 기대하며 물었다. "새가 보이느냐?" 제자가 대답했다. "오, 물론이죠." 그러자 실망한 스승은 두 번째 제자를 옆으로 밀어버리고 활과 화살을 낚아챘다. 그리고 돌아가서 제대로 수행하는 방법을 다시 배우라고 말했다.

마지막으로, 세 번째 제자에게 활과 화살 하나를 주면서 똑같은 지시를 주었다. 제자는 마음을 과녁, 즉 새의 왼쪽 눈알과 하나로 만드는 데 두 시간을 보냈다. 그리고는 활을 쏠 준비가 되었다고 스승에게 신호를 주었다. 스승이 물었다. "나무 위의 새가 보이느냐?" 제자가 대답했다. "무슨 나무요?" 그러자 스승이 물었다. "새가 보이느냐?" 제자가 대답했다. "무슨 새요?" 스승은 미소를 띠며 계속해서 물었다. "무엇이 보이느냐?" 시선을 돌리지 않은 채 제자가 말했다. "스승님, 보이는 것은 오직 눈알뿐입니다. 그게 답니다."

"아주 좋아." 스승이 말했다. "쏴라." 그리고 물론, 화살은 제자의 인식에 남았던 유일한 것을 곧바로 관통했다.

이 이야기는 호흡명상의 3단계인 '전체 호흡을 경험하기'를 성취하는 방법에 대한 정확한 비유이다. 세 번째 제자가 그의 모든 마음을 새의 왼쪽 눈알에 초점을 맞추었듯이, 여러분은 호흡명상의 3단계인 '전체 호흡에 대한 경험'에 모든 주의력을 모은다.

여러분이 이 3단계를 완성했을 때, '소리가 들리니?'라고 스스로에게 묻는다면 여러분은 대답할 것이다. '무슨 소리?' '몸이 느껴지니?' '무슨 몸?' '뭐가 보이니?' '지금 일어나고 있는 호흡만 보여.' 아주 좋다!

4단계: 호흡 가라앉히기

편안하게 호흡과 하나가 되면, 호흡은 자연히 가라앉을 것이다. 수행의 발전을 방해할 것이 거의 남아 있지 않아서, 자연적으로 감각들이 매 순간 더 부드러워지고 더 매끈해지는 것을 경험한다. 이것은 거친 데님 천이 고운 수자직 천으로 바뀌는 것과 같다.

또는 잠시 내면의 침묵을 깨고, 스스로에게 '고요, 고요, 고요'

라고 말하는 것으로 이 과정을 도울 수 있다. 그런 후, '생각 없이 오직 호흡만을 경험하기'로 다시 돌아간다. 이것은 문지기에게 지시를 내리는 것이다.

만약 너무 빨리 4단계로 뛰어든다면, 나태와 혼침에 떨어질 것이다. 야생마를 조련하려면, 먼저 야생마를 붙잡아야 한다. 마찬가지로, 호흡을 가라앉히려면, 먼저 3단계를 완수해야 한다.

의지를 이용해 3단계에 도달한 수행자들은 호흡을 가라앉히거나 부드럽게 만들 수 없다. 그들은 놓아버리는 대신 무척 애를 썼다. 그래서 이제 그들은 막혀버렸다. 한 송이의 꽃을 들 때 이것을 꽉 쥐어서는 안 된다. 그렇지 않으면 꽃을 망가뜨릴 것이다. 섬세한 대상은 섬세한 터치가 필요하다. 고요한 호흡을 긴 시간 동안 알아차림의 중심에서 유지하려면 매우 정제된 마음이 필요하다. 이러한 주의력의 정제는 부드럽고 지속적인 놓아버림을 통해서만 성취할 수 있다. 순전한 의지의 야만적 힘으로는 결코 얻을 수 없다.

목수가 한 토막의 나무에 톱질을 시작할 때는 손잡이부터 톱날 끝까지 전체 톱을 볼 수 있다. 그가 톱질에 집중하면서, 주의력은 톱이 나무와 접촉하는 지점으로 점점 더 초점이 맞춰진다. 톱의 손잡이와 끝은 그의 시야에서 사라진다. 잠시 후, 그가 볼 수 있는 것은 나무와 접촉하고 있는 하나의 톱니뿐이다. 오른쪽과 왼쪽의 모든 톱니들은 그의 인식 영역 밖에 있다. 그 톱니가 톱날의 앞에 있는지, 중간에 있는지, 또는 끝에 있는지 그는 알지도 못하고 알 필요도 없다. 그는 이러한 개념들을 초월했다. 이것이 톱의 비유다.

마찬가지로, 이 4단계에서 여러분은 지금 일어나고 있는 호흡의 이 작은 부분만을 알 것이다. 이것이 들숨인지 혹은 날숨인지, 처음인지, 중간인지, 끝인지 여러분은 전혀 모른다. 호흡이 가라앉으면 주의력이 매우 정제된다. 그래서 여러분이 아는 것은 오직 이 한 순간의 호흡뿐이다.

5단계와 6단계: 호흡과 함께 기쁨과 행복을 경험하기

호흡명상의 5단계에서는 호흡과 함께 '기쁨(pīti)'을 경험한다. 그리고 6단계에서는 호흡과 함께 '행복(sukha)'을 경험한다. 기쁨과 행복은 분리하기 어렵고, 둘은 어쨌든 일반적으로 함께 온다. 그래서 나는 이 둘을 하나로 다루고자 한다.

끊임없는 알아차림이 호흡의 가라앉음을 보게 되면, 동쪽 지평선의 황금빛 여명처럼 '기쁨과 행복(pīti-sukha)'이 자연적으로 일어난다. 이것은 점진적이지만 저절로 일어난다. 왜냐면 모든 정신적 에너지가 이제 '행하는 것'이 아니라 '아는 것'으로 흘러 들어가고 있기 때문이다.

사실 여러분은 아무것도 하지 않는다. 그저 지켜만 본다. 호흡의 평온함이 아무것도 하고 있지 않다는 사실을 확실히 보여준다. 이른 아침, 지평선이 낮을 여는 첫 광선으로 빛나는 것은 단지 시간문제이다. 마찬가지로, 여러분이 고요한 호흡과 함께 멈춰 있을 때, 기쁨과 행복이 마음에 나타나는 것은 단지 시간문제이다. '아는 것'으로 흘러 들어가는 정신적 에너지는 알아차림의 힘으로 가득 채워진다. 그리고 에너지로 가득 찬 알아차림은 기쁨과 행복으로 경험된다.

  4단계에 도달해서 매우 고요한 호흡을 연속적으로 주의 깊게 알아차리고 있는데도 기쁨과 행복을 경험하지 못할 수도 있다. "겁먹지 말라!" 성급함으로 자연스러운 과정을 망치지 말라.

  이 단계에서 뭔가를 하면 오히려 기쁨과 행복의 도착을 연기시키거나 심지어는 막을 수도 있다. 그 대신, 연속적인 고요한 호흡의 경험을 깊게 만들어라. 평화로운 호흡을 완전히 알아차리고 있는가? 아니면 방해꾼이 몰래 들어왔는가? 아마도 발전이 없는 것은 호흡만을 연속적으로 주의 깊게 알아차리지 못하기 때문일 것이다. 호흡이 더 이상 고요해지지 않는가? 아마도 아직 호흡이 충분히 평화롭지 않을 것이다. 만약 그렇다면, 좀 더 시간을 가져라.

  이것은 여러분과 전혀 관계가 없는 자연스러운 과정이다. 알아차림이 어떤 방해도 없이 편안하게 호흡에 있고 호흡의 감각이 점점 더 고요해지면, 기쁨과 행복은 언제나 일어날 것이다.

  기쁨과 행복을 일찍 발견할 수 있다면 도움이 될 것이다. 그러려면 찾고 있는 것에 익숙해져야 한다. 평온과 결합된 기쁨과 행복은 지극히 미세한 것에서 시작될 수 있다.

이것은 하드록을 좋아하는 사람이 말러의 클래식 공연에 온 것과 같다. 왜 이런 걸 들으려고 관객들이 비싼 돈을 지불하는지를 그는 이해할 수 없다. 그는 그것을 전혀 이해하지 못한다. 혹은 평소에 싸구려 식당에서 식사하던 사람이 처음으로 별 다섯 개짜리 식당에 가는 것과 같다. 그는 미각이 거칠어서 그 요리를 음미하지 못한다.

수행을 더 많이 하면 할수록, 여러분은 평온한 마음 상태의 감식가가 된다. 그래서 자연스럽게 더 초기 단계에서 점차 기쁨과 행복의 도착을 감지할 것이다.

호흡명상의 5단계와 6단계의 성취는 수행의 기본방법에서 '아름다운 호흡에 대한 완전하고 지속적인 주의집중' 단계의 도달과 정확히 일치한다. 이 수준에서, '호흡의 아름다움'은 '기쁨과 행복의 경험'을 묘사하는 나의 방식이다. 이 단계에서 호흡은 너무 평온하고 아름답다. 봄철의 정원이나 여름철의 일몰보다 더 매력적이다. 그래서 이것 말고 다른 것을 보고 싶어 할 수 있을까 하는 생각이 들 것이다.

7단계: 마음대상(Mind Object)으로 호흡 경험하기

호흡이 더욱더 아름다워지고 기쁨과 행복이 대단히 강력하게 자라면서, 호흡이 완전히 사라질지도 모른다. 나는 이것을 '아름다운 호흡'에서 오직 아름다움만 남기고 호흡이 사라지는 것으로 설명했다. 또한 이 현상을 묘사하기 위해, 점차 사라져 미소만 남는 미소 짓는 체셔 고양이의 비유를 들었다. 이것은 5, 6단계인 '호흡과 함께 기쁨과 행복을 경험하기'로부터 호흡이 오직 마음 대상으로만 알아지는 7단계의 변화를 정확하게 묘사한다.

이러한 변화를 명확히 설명하기 위해, 나는 여섯 가지 감각기관(시각, 청각, 후각, 미각, 촉각 그리고 아는 마음기관)으로 들어오는 인식 경험에 관한 부처님의 분석에 의지한다(SN35).

수행의 초기단계에서는 시각, 청각, 후각, 미각을 버린다. 이러한 네 가지 감각기관들은 잠시 동안 완전히 닫힌다. 그다음, 다른 모든 것을 제외한 호흡의 촉감(신체적 느낌)에 초점을 맞춰서 다섯 번째 감각기관인 촉각의 대부분 활동을 버린다. 여섯 번째 감각기관인 마음은 계속 작동하고 있다. 여러분은 곧 7단계에 도달한다. 그러면 다섯 번째 감각기관인 촉각이 닫히고, 이제 호흡을 아는 여섯 번째 감각기관인 마음만이 남는다. 이제 새로운 감각기관을 통해 호흡을 경험한다.

평소 평범한 낡은 옷을 입고 다니던, 곱슬머리에 수염을 기른 오랜 친구를 상상해 보라. 그가 계戒를 받고 불교 승려가 되었다. 여러분이 절에서 그를 처음 본다면, 아마도 삭발한 머리에 승복을 걸친 그를 알아보지 못할 것이다. 그렇지만 어쨌든 그는 똑같은 오랜 친구이다. 그는 새로운 환경에서 다르게 보인다. 그뿐이다. 마찬가지로, 여러분의 오랜 친구인 호흡은 평소에 촉각이라는 감각을 입고 돌아다닌다. 그래서 주로 다섯 번째 감각기관을 통해 인식된다.

호흡명상의 7단계에서 호흡은 다섯 가지 감각기관의 세계를, 특히 다섯 번째 감각기관을 넘어선다. 그리고 이제, 오직 여섯 번째 감각기관만을 통해 마음대상으로 인식된다. 그래서 부처님께서는 이 단계를 '마음대상(citta-sankhāra)'을 경험하기라고 부르셨다.

그러니 만약 이 단계에서 호흡이 사라진 것 같으면, 이것은 본래 일어나는 일이라 여기고 안심하라. 호흡에 대한 이전의 인식을 찾으러 여기저기로 다니면서 수행의 진행을 방해하지 말라. 그 대신 호흡이 사라진 것 같을 때, '남은 것은 무엇이지?'라고 스스로에게 물어보라. 만약 주의 깊게 가르침을 따랐다면, 호흡은 기쁨과 행복이 자리 잡은 후에만 사라질 것이다.

따라서 남은 것은 기쁨과 행복이다. 처음에 이런 미세한 대상을 인식하려면 알아차림이 섬세하고 흔들림이 없어야 한다. 하지만 오랜 경험을 통해 익숙해지면, 이런 미묘한 기쁨과 행복이 여러분의 오랜 친구인 호흡이라는 통찰이 생길 것이다. 이제 호흡이 마음대상으로 경험되는 것일 뿐이다.

만일 여러분이 이 마음대상과 함께 충분히 머무를 수 없다면, 이것은 5, 6단계에서 호흡과의 기쁨과 행복이 불충분했기 때문이다. 다섯 번째 감각기관이 닫히기 전에, 여러분은 많은 기쁨과 행복으로 매우 '아름다운 호흡'을 길러야 한다. 그러면 지켜볼 더 강한 마음대상을 가지게 될 것이다. 하지만 많은 수행을 통해서야 여러분은 여러분이 7단계에서 찾고 있는 것이 무엇인지 알게 될 것이다. 그리고 알아차림이 섬세한 수준의 기쁨과 행복을 유지하는 데 더 익숙해질 것이다. 그래서 다섯 번째 감각기관을 더 일찍 놓아버리면서도, 더 연약한 마음대상을 여전히 유지할 수 있게 될 것이다.

8단계: 마음의 경험을 고요하게 하기

일반적으로, 이 단계와 다음 단계들에서는 기쁨과 행복이 너무 자극적이어서 고요함을 방해할 수 있다. 그래서 부처님께서는 호흡명상의 8단계인 '호흡에 대한 마음의 경험을 고요하게 하기'를 가르치셨다. 초보 수행자들뿐만 아니라 종종 오래된 수행자들도 약간의 지복을 느끼면, 경솔하게 '와~!' 하는 반응을 일으킨다. 즉, '와~! 마침내! 굉장해!' 하는 반응을 한다. 그러면 지복은 즉시 문밖으로 걸어 나간다. 그들은 너무 흥분했다. 아니면 두려움이 지복과 함께 일어날 수도 있다. '이건 나에게 너무 과분해! 이건 두려워. 난 이걸 받을 자격이 없어!' 그러면 또다시 지복이 떠나간다. 두려움이 고요함을 파괴한 것이다.

그러니 이 단계에서 나타날 수 있는 두려움과 흥분이라는 두 적을 주의하라. 호흡에 대한 마음의 경험을 고요하게 유지할 것을 명심하라. 이러한 지복은 평화와 고요에서 생겨난 기쁨과 행복이다. 지복의 이런 원인들을 유지하라. 고요한 멈춤 속에 머물라. 그렇지 않으면, 지복은 도망쳐 버릴 것이다.

아잔 차 스님의 유명한 '숲속의 고요한 연못' 비유가 여기에서 일어나는 일을 이해하는 데 도움이 될 것이다. 다른 사람들도 이 이미지에 대한 글을 썼지만, 완전하게는 표현하지 못했다. 이것이 제가 기억하는 아잔 차 스님이 설명했던 내용이다.

그가 밀림과 숲을 다니며 수행하던(태국에서는 '투동'이라고 부름) 시절의 이야기이다. 늦은 오후가 되면 그는 항상 물가를 찾으려고 했다. 몸을 씻을 물이 필요했기 때문이다. 밀림을 걸으며 더위와 정진으로 땀범벅이 됐는데, 저녁에 몸을 씻지 않으면 밤새도록 더러움과 끈적거림 때문에 불쾌하기 때문이다. 그는 마실 물도 필요했다. 그래서 숲속 어딘가에 있는 연못, 개울 또는 샘을 찾았다. 그중 하나를 찾으면 그 근처에서 밤을 보냈다.

물을 마시고 몸을 씻고 자리를 잡은 후, 종종 연못에서 몇 미터 떨어진 곳에 앉아 수행을 하곤 했다. 이따금 그는 눈을 뜨고 아주 고요하게 앉았다. 그래서 많은 동물들이 밀림에서 나오는 것을 볼 수 있었다. 그들도 역시 몸을 씻고, 물을 마시고 싶어 했다.

밀림의 동물들은 겁이 많다. 우리가 그들을 두려워하는 것보다 훨씬 더 인간을 두려워한다. 그래서 그가 매우 매우 고요하게 앉아 있을 때만 동물들이 나왔다. 동물들은 수풀에서 나올 때, 안전한지를 확인하려고 주위를 둘러보고 코를 킁킁거리며 냄새를 맡았다. 그들이 그의 존재를 감지하면 바로 도망갔다.

하지만 그가 정말 고요하게 앉아 있으면, 동물들은 그가 있는지 알 수 없었다. 그들은 그의 냄새조차 맡을 수 없었다. 그러면 그들은 나와서 물을 마셨다. 어떤 동물들은 마치 그가 없는 것처럼, 그가 보이지 않는 것처럼 물을 마시고 놀았다.

때로는 그가 매우 고요하게 앉아 있으면 평범한 동물들이 나온 후에 그가 이름조차 몰랐던 정말 신기한 동물들이 나왔다. 그는 이전에 이런 특별한 존재들을 본 적이 없었다. 그의 부모님도 그들에 대해 말해준 적이 없었다. 이런 경이로운 존재들이 물을 마시러 나왔다. 하지만 그가 '완전히 고요하게 멈춰 있을 때'에만 나왔다.

이것은 깊은 수행에서 일어나는 현상을 잘 묘사하는 비유이다. 연못 또는 호수는 마음을 상징한다. 호흡명상의 8단계에서 여러분은 그 앞에 그냥 앉아서 지켜만 본다. 만약 어떤 명령을 내린다면 고요하지 않은 것이다. 니밋따와 선정 같은 아름다운 존재들은 여러분이 완전히 고요하게 멈춰 있을 때만 다가올 것이다. 그들이 '킁킁거리며 냄새를 맡기 위해' 나왔을 때 여러분이 '와~!'라고 하면, 그들은 후다닥 숲으로 도망쳐 다시는 나오지 않을 것이다. 그들이 나왔을 때 여러분이 곁눈질로라도 쳐다본다면, 그들은 이것을 알고 도망칠 것이다. 이러한 존재들이 나와서 놀기를 원한다면, 여러분은 움직일 수 없다.

하지만 여러분이 통제 없이, 하는 것 없이, 움직임 없이, 말없이 또는 그 이외에 아무것도 없이 완벽하게 고요히 멈추면, 니밋따가 나온다. 그들은 주위를 둘러보며 공기의 냄새를 맡는다. 만약 거기에 아무도 없다고 생각하면, 그들은 나와서 여러분 바로 앞에서 즐긴다.

그러나 여러분이 눈꺼풀 하나라도 움직인다면, 그들은 다시 도망가 버릴 것이다. 여러분이 완전히 고요하게 멈춰 있을 때만, 그들은 머문다.

평범한 것들이 먼저 나온다. 그다음에 매우 아름다운 것들이, 그리고 맨 마지막에 아주 신기하고 경이로운 것들이 나온다. 이 마지막 것들은 이름을 붙일 수 없는 놀라운 경험이다. 이것은 너무 이상하고, 너무 행복하고, 너무 순수해서 존재하리라고 상상도 하지 못했던 것이다. 이것이 선정이다.

이런 훌륭한 비유를 통해서 우리는 아잔 차 스님의 지혜와 마음에 대한 심오한 이해를 가늠해 볼 수 있다. 이것이 바로 마음이 작용하는 방식이다. 그리고 이런 지혜를 가지는 것은 대단한 힘이다. 여러분이 마음에서 기쁨과 행복을 일으킬 때, 그리고 이 기쁨과 행복이 바로 마음이 호흡을 경험하는 것이라는 사실을 이해할 때, 그리고 지켜보는 모든 과정을 고요하게 가라앉힐 때, 이런 굉장한 선정이 일어날 수 있다.

9단계: 마음을 경험하기

「호흡명상의 경」에서 9단계는 고요하게 멈춘 마음을 방문하는 매우 중요한 존재인 니밋따에 관한 설명이다. 이 단계를 '마음을 경험하기(citta-paṭisamvedī)'라고 부른다. 이 단계에서야, 마음을 정말 알 수 있다고 말할 수 있다. 어떤 사람들은 마음이 무엇인지에 관한 이론과 관념을 가지고 있다. 그래서 과학적 도구를 가지고 이것을 시험해 보려 한다. 그들은 마음만을 다룬 책도 쓸 수 있다. 하지만 수행의 이 단계에 도달해서야 마음을 실제로 경험할 수 있다.

여러분은 니밋따로 마음을 경험한다. 니밋따는 마음의 반영이다. 마음은 '아는 것'이라는 사실을 기억하라. 그런데 '아는 것'이 스스로를 알 수 있을까? 눈은 보는 것이다. 하지만 눈이 거울을 볼 때는 스스로를 본다. 즉, 눈은 거울에 비친 반영을 본다. 이 수행단계에서 여러분이 보는 반영은 니밋따이다. 이것은 진정한 마음의 반영이다. 여러분은 모든 먼지와 때가 깨끗하게 닦인 거울 속을 들여다본다. 그리고 마침내, 이제 자신을 볼 수 있다. 니밋따 또는 선정을 통해서만 마음을 직접적으로 경험할 수 있다.

니밋따가 일어날 때, 이것은 너무 이상해서 설명이 거의 불가능하다. 언어는 비유 위에 세워져 있다. 우리는 어떤 것을 벽돌처럼 딱딱하다거나 잔디처럼 부드럽다고 설명한다. 우리는 언제나 다섯 가지 감각세계에서 나온 비유들을 쓴다. 그러나 마음의 세계는 이와는 너무나 다르다. 그래서 언어가 도움이 되지 않는다.

처음으로 니밋따를 경험한 후, 여러분은 생각한다. '그것이 도대체 뭐였지?' 여러분은 이것이 실제 경험이라는 것을 안다. 그렇지만 이것을 설명할 언어를 찾는 데 어려움을 겪는다.

여러분은 불완전한 비유를 이용해야 한다. '이것은 빛, 지극히 행복한 느낌, 또는 이런저런 것 같아.' 여러분은 이것이 이전의 어떤 경험과도 완전히 다르다는 사실을 안다. 하지만 여러분은 어떻게든지 스스로에게 설명해야 한다. 이것이 니밋따를 때로는 빛으로, 때로는 느낌으로, 때로는 한 방울의 과즙 젤리 등으로 경험하게 된다고 내가 계속해서 말하는 이유이다. 이것들은 정확히 똑같은 경험이다. 하지만 우리가 다르게 표현할 뿐이다. 그렇지만 많은 수행자들에게, 마음은 섬광처럼 매우 빨리 나타났다 금세 다시 사라진다. 이것은 동물이 숲에서 나오는 것과 같다. 동물은 사람이 흥분한 것을 알면 도망쳐 버린다.

어떤 수행자들은 니밋따를 보는 데 어려움을 겪는다. 그들이 '아름다운 호흡'을 가라앉히는 단계에 도달한다. 하지만 아무것도 나타나지 않는다. 빛이 나타나지 않는다. 그들은 자신이 뭘 잘못하고 있는 것은 아닌가 하고 생각한다. 다음의 비유가 여기에 도움이 될 것이다.

어느 늦은 밤, 나는 밝게 불이 켜진 제 꾸띠(kuti: 스님의 오두막)에서 칠흑같이 어두운 숲으로 나왔다. 나는 손전등이 없었다. 너무 깜깜해서 아무것도 볼 수 없었다. 나는 인내심 있게 가만히 있었다. 천천히, 내 눈은 어둠에 익숙해졌다. 곧 나는 나무줄기를 볼 수 있었다. 그런 후, 고개를 들어 밤하늘에 찬란하게 빛나는 아름다운 별들을 볼 수 있었다. 모든 은하수까지도.

니밋따의 경험도 이와 같을 수 있다. 호흡이 사라진 것 같은 무형의 '고요한 멈춤' 속에서 처음에는 아무것도 볼 수 없다. 인내심을 가져라. 아무것도 하지 말고 기다려라. 곧 알아차림이 일상적 거주지(밝게 불이 켜진 다섯 가지 감각의 방)를 벗어나 이 '어둠'에 익숙해질 것이다.

처음에는 흐릿하게 모양을 보기 시작한다. 잠시 후, 아름다운 별과 같은 니밋따가 나타난다. 그리고 만약 충분히 오랫동안 고요히 멈춰 있으면, 구름을 벗어나 밤하늘에 떠 있는 보름달 같은 찬란한 원반 모양의 최고의 니밋따가 나타날 것이다.

10단계: 니밋따 빛내기

니밋따가 흐릿하거나, 불안정하게 나타나는 두 가지 결점은 더 이상의 수행의 진전을 방해할 수 있다. 이 두 가지 빈번하게 일어나는 문제에 대처하도록, 부처님께서는 호흡명상의 10단계와 11단계인 '니밋따 빛내기'와 '니밋따 지속시키기'를 가르치셨다. '마음에 기쁨을 주기(abhippamodayaṁ cittaṁ)'라는 용어를 나는 '빛내기'라고 표현했다. 마음에 기쁨이 많으면 많을수록 니밋따는 더욱 찬란히 빛난다. 니밋따는 여러분이 지금까지 봤던 것 중 가장 아름다운 것이어야 한다. 그리고 이 세상 것이라고는 생각되지 않는 아름다움을 지녀야 한다. 그래야 선정에 들 수 있다.

  왜 니밋따가 흐릿하게 또는 더럽게까지 나타나는지를 살펴보도록 하겠다. 니밋따가 바로 여러분의 마음의 반영이라는 사실을 상기해 보면 매우 도움이 될 것이다. 니밋따가 흐릿하다면, 이것은 여러분의 마음이 흐릿하다는 의미이다. 니밋따가 더럽다면, 이것은 바로 여러분의 마음이 더럽혀져 있다는 의미이다. 여기서는 거짓말을 할 수도 부정할 수도 없다. 왜냐하면 여러분은 여러분 마음 상태의 진실과 마주 대하고 있기 때문이다.

  바로 여기에서 '도덕적 행위(戒, sīla)'의 중요성이 명백해진다. 만약 마음이 순수하지 않은 행위·말·생각으로 더럽혀졌다면, 니밋따는 나타난다 하더라도 흐릿하고 지저분할 것이다. 만약 여러분이 이런 경험을 한다면, 좌선하는 방석 밖에서 자신의 행위를 정화하는 데 좀 더 노력을 기울이라. 계율을 완벽하게 지켜라. 말을 점검해 보라. 부처님께서는 먼저 계戒를 깨끗하게 하지 않고, 삼매를 깨끗하게 하는 것은 불가능하다고 말씀하셨다(AN Ⅶ, 61).

  강한 믿음을 가진 관대하고 연민심 많은 사람들은 소위 '순수한 마음'을 가지고 있다. 수행을 지도한 내 경험에 비춰보면, 이런 순수한 마음을 가진 수행자들이 빛나는 니밋따를 경험한다는 것은 일반적인 법칙이다. 그러니 오점 없이 계율을 지키는 데 더해서, 순수한 마음을 계발하라.

하지만 때로는, 마음이 고운 사람들조차도 흐릿한 니밋따를 경험한다. 일반적으로 이것은 정신적 에너지가 낮기 때문이다. 아마도 나쁜 건강이나 과로가 원인일 것이다. 이런 문제를 피할 수 있는 유용한 방법은 신심을 고무시키는 수행을 하는 데 좀 더 시간을 보내는 것이다. 예컨대, 부처님과 법法 그리고 승단에 대해 숙고하는 수행이 그것이다. 마음이 기쁨으로 가득 찰 때까지 이러한 수행을 해야 한다. 다른 방법으로, 여러분이 남을 돕는 일을 즐기는 사람이라면, 과거에 보시했던 경험을 떠올려서 신심을 고무시킬 수 있다. 부처님께서는 이것을 '짜가 아눗사띠(cāga-anussati: 자신의 덕행에 대해 생각하기)'라 불렀다.

혹은 자애명상에 좀 더 시간을 보낼 수도 있다. 정신적 에너지가 즐거운 밝음의 수준으로 올라가면, 호흡명상으로 돌아갈 수 있다.

지금까지 나는 호흡명상을 시작조차 하기 전에, 니밋따를 빛나게 만드는 기법들에 대해 말했다. 사실, 이 기법들은 가장 효과적이다. 하지만 수행 중 니밋따가 나타나긴 하지만 흐릿할 때는, 다음의 네 가지로 진행하는 방법이 있다.

(1) 니밋따의 중심에 초점을 맞춰라. 흐릿한 니밋따에서조차도 그 중심은 가장자리보다 더 밝다. 니밋따의 중심을 보라고 스스로에게 부드럽게 암시하면, 중심의 밝음이 확장된다.

그다음, 그 중심에 초점을 맞춘다. 그러면 그것은 더욱 밝아진다. 중심으로 가고, 그다음 중심의 중심으로 가고 등등…. 이런 식으로 계속하면, 흐릿한 니밋따는 곧 믿을 수 없을 정도로 밝아진다. 그리고 흔히 광명 속에서 계속 '폭발'하면서 선정에 들게 된다.

(2) 현재 순간에 주의력을 예리하게 하라. '현재 순간 알아차리기'는 호흡명상 수행을 위한 예비단계이다. 하지만 흔히 이 단계에서 주의력이 현재의 주위에서 '흐려진다.' 개인적으로, 나는 '현재 순간에 더 예리하게 초점을 맞추라고 부드럽게 상기시키는 것'이 알아차림을 밝게 하고, 니밋따를 빛나게 만들어서 모든 흐릿함을 없애는 경험을 자주 한다.

(3) 니밋따에게 미소 지으라. 니밋따가 마음의 반영이라는 사실을 기억하라. 그래서 마음이 미소 지으면, 니밋따도 미소 짓는다! 니밋따가 밝아진다. 두 번째 장애인 악의의 찌꺼기가 니밋따를 흐릿하게 만들고 있을지도 모른다. 미소는 부드럽고 강력하다. 그래서 이런 미묘한 형태의 장애를 충분히 극복할 수 있다. 만약 여러분이 제가 말하는 '니밋따에게 미소 짓기'를 이해할 수 없다면, 가서 거울을 보라. 그리고 스스로에게 미소 지어 보라. 그런 후, 이것을 정신적 활동의 부분에 적용시켜 니밋따 앞에서 이를 반복하라.

(4) '아름다운 호흡'으로 돌아가라. 때로는 니밋따로 너무 빨리 옮겨갔기 때문일지도 모른다. '아름다운 호흡'에서 좀 더 머물도록 부드러운 결심을 하는 것이 더 좋을 수도 있다. 설령 니밋따가 나타나더라도 흐릿할 때는, 이를 무시하고 호흡에 대한 마음의

경험으로 돌아가라. 내가 이렇게 할 때면, 흔히 얼마 지나지 않아 니밋따가 더 밝게 나타난다.

나는 이것을 다시 무시한다. 니밋따는 계속해서 더욱더 밝게 나타난다. 그러나 나는 정말 찬란한 니밋따가 나타날 때까지 이를 계속해서 무시한다. 그러고 나서야, 더 이상 니밋따를 무시하지 않는다.

이것이 바로 니밋따를 닦고 '빛내서' 훌륭하고 아름답고 찬란하게 만드는 방법이다.

11단계: 니밋따 지속시키기

수행이 깊어지는 것을 막는 니밋따의 두 가지 결점 중 두 번째는 니밋따의 불안정함이다. 니밋따는 고요하게 멈춰 있지 않고 금방 사라진다. 이 문제에 대처하도록, 부처님께서는 호흡명상의 11단계에서 '주의 깊게 마음을 멈추기(samādahaṁ cittaṁ)'를 설하셨다. 이것은 '니밋따에 주의력을 지속시킴'을 의미한다.

니밋따가 처음에 몇 번 나타날 때는 잠깐 번쩍 나타났다가 곧 사라지거나, 정신적 영역의 시야에서 돌아다니는 일이 흔하다. 니밋따가 불안정하다. 일반적으로 밝고 강력한 니밋따가 흐릿하고 약한 니밋따보다 더 오래 머문다. 이런 이유로 부처님께서는 니밋따를 지속시키는 단계 전에 니밋따를 빛내는 단계를 가르치셨다. 때로는 니밋따를 빛내는 것으로 이를 지속시키기에 충분하다. 즉, 니밋따가 너무 아름답고 밝아서 이것이 긴 시간 동안 주의력을 잡아둔다.

하지만 찬란한 니밋따조차도 불안정할 수 있다. 그래서 니밋따에 주의력을 지속시키는 방법들이 있다.

니밋따를 지속시키는 데 도움이 됐던 통찰은, 마음에서 보고 있는 니밋따가 바로 '아는 것'('지켜보는 것')의 반영이라는 깨달음이었다. '아는 것'이 움직였을 때, 그 반영인 니밋따도 움직인다. 이것은 여러분이 거울 앞에서 자신의 영상을 쳐다볼 때, 여러분이 움직이고 있는 한, 거울이 흔들리지 않도록 잡아서 그 영상을 멈추려 하는 것은 시간 낭비이다. 이것은 효과가 없다. 그 대신, 이것을 경험하고 있는 '아는 것'에 초점을 맞추라. 그리고 이것을 가라앉혀 고요하게 멈춰라. 그러면 이 '아는 것'의 영상인 니밋따가 안정될 것이다. 그리고 움직이지 않고, 변함없이 찬란하게 나타날 것이다.

여기서도, 일반적으로 두려움과 흥분이 불안정함을 일으킨다. 여러분은 수동적으로 지켜보지 않고, 너무 심하게 반응하고 있다. 처음 니밋따를 경험하는 것은 생판 모르는 사람을 만나는 것과 같다. 흔히 여러분은 그들이 누군지도 모르고, 어떻게 행동할지도 모르기 때문에 불안해한다. 그들을 알고 나면, 함께 있어도 편안하다. 그들은 좋은 친구들이다. 그래서 여러분은 편안하게 그들과 함께한다. 과민반응은 사라진다.

혹은 아이가 자전거 타는 법을 처음 배우는 것과 같다. 처음 자전거를 탈 때, 아마 여러분은 내가 그랬던 것처럼 손에 핏기가 사라질 정도로 핸들을 아주 꽉 잡았을 것이다. 긴장을 풀지 않아서 계속 넘어졌다. 여기저기가 찢어지고 멍이 들었다. 그러고 나서야 긴장을 풀수록 균형 잡기가 더 쉬워진다는 사실을 알게 되었다. 마찬가지로, 여러분은 곧 니밋따를 꽉 쥐는 것을 멈추는 방법을 배우게 된다. 여러분은 편안하게 긴장을 푼다. 그리고 통제를 줄이면 줄일수록, 니밋따를 지속시키는 것이 더 쉬워진다는 사실을 발견하게 된다.

또 다른 유용한 방법은, 차를 운전하는 이미지를 이용해서 효과적으로 통제를 멈추는 것이다. 밝은 니밋따가 떠오를 때, 니밋따에게 열쇠를 주면서 말한다. '여기서부터는 네가 운전해.' 이렇게 니밋따에게 완전한 믿음과 신뢰를 준다. 실제로 신뢰를 마음속에서 형상화해서 이것을 밝은 니밋따에게 건네준다. '행하는 것'의 마지막 남은 찌꺼기가 여전히 일을 망치려 한다는 사실을 깨닫게 되었다. 그래서 이 비유를 이용해서 모든 통제를 버리도록 돕는다. 여기가 멈추는 지점이다. 멈추면, 니밋따도 함께 멈춘다.

잠시 니밋따에 주의력을 지속시키면, 니밋따는 더욱더 밝아지고 매우 강력해진다. 니밋따가 여러분 삶에서 본 것 중 가장 아름다운 색상으로 나타난다면, 이것은 훌륭한 니밋따라는 표시이다. 예를 들어, 파란색 니밋따를 본다면, 그 색상은 평범한 파란색이 아니라 여러분이 알고 있는 것 중에 가장 깊은, 가장 아름다운, 가장 파란 파란색일 것이다. 내가 '좋은' 또는 '쓸모 있는'이라고 말하는 니밋따들도 역시 매우 안정적이고, 거의 움직이지 않는다. 아름답고 안정된 니밋따를 경험하고 있다면, 여러분은 선정의 세계에 임박해 있는 것이다.

12단계: 마음을 자유롭게 하기

호흡명상의 12단계는 '마음을 자유롭게 하기'이다. 여기서 여러분은 시각에 따라 두 가지 방식으로 뒤에 묘사할 수 있는 경험을 한다. 여러분 스스로가 니밋따 속에 빠지고 뛰어들거나, 또는 찬란한 빛과 황홀한 느낌을 가진 니밋따가 여러분을 완전히 감싼다. 여러분이 이러한 행위를 하는 것이 아니다. 이것은 모든 '행함(doing)'을 놓아버린 자연적 결과로 그저 일어난다.

마음을 해방시킴으로써 선정에 들어간다. 부처님께서 말씀하신 선정은 '자유(vimokkha)'의 단계이다(DN 15, 35). '위목카(vimokkha)'는 감옥에서 풀려나 자유롭게 걷는 사람을 설명하는 데도 같이 쓰인다. 여러분은 같은 의미를 가진 산스크리트어 '목샤(moksha)'를 통해 이 단어를 알지도 모르겠다. 마음은 이제 자유롭다. 즉, 몸 그리고 다섯 가지 감각으로부터 자유롭다.

나는 유체이탈처럼 마음이 어딘가에 떠다니는 경험을 말하는 것이 아니다. 여러분은 더 이상 공간에 위치해 있지 않다. 왜냐면 모든 공간의 경험들은 다섯 가지 감각에 의지하고 있기 때문이다. 여기서 마음은 그런 모든 것으로부터 자유롭다. 여러분은 몸에서 무엇이 일어나고 있는지 전혀 알지 못한다. 어떤 것도 들을 수 없고, 어떤 말도 할 수 없다. 여러분은 지극히 행복하다. 그리고 완전히 알아차리고 있고, 고요하며, 바위처럼 안정적이다. 이런 사실들이 마음이 자유로워졌음을 보여준다. 이 경험은 여러분 인생에서 가장 강력한 경험이 될 것이다.

이런 선정을 몇 번 경험하고 나면, 대개 출가하여 스님이 되고 싶어 한다. 세상은 매력이 적어진다. 선정 또는 자유로워진 마음의 지복과 비교하면 관계들, 예술, 음악 그리고 영화, 섹스, 명성, 부와 같은 것들은 모두 전혀 중요하지 않아지고, 매력적으로 보이지 않는다.

그러나 여기에는 단순한 지복 이상의 더 많은 것들이 담겨 있다. 여기에는 체험의 철학적 심오함도 담겨 있다. 선정 속에서 몇 시간을 보낼 때, 여러분이 원한다면 스스로를 '신비한 존재'라고 부를 수 있다. 여러분은 모든 종교 전통에서 (일상적인 것과는 완전히 다른) 신비체험이라고 부르는 것을 경험한 것이다. 부처님께서는 이것을 '평범한 인간의 경험을 뛰어넘는 어떤 것(uttari-manussa-dhamma)'(MN 66, 21)이라고 부르셨다. 부처님께서는 또 이것을 마음이 '위대함으로 갔다(mahā-ggata)'고 표현하셨다. 또한 선정의 행복을 깨달음의 행복과 아주 유사한 것으로 여겨서,

이것을 '바른 깨달음의 행복(sambodhi sukha)'이라고 부르셨다. 여기는 번뇌가 도달할 수 없는 곳이다. 그래서 여기는 마라(māra: 불교의 악마)가 여러분에게 접근할 수 없는 장소이다. 이 시간 동안 여러분은 깨어나고 자유롭다.

만약 이러한 호흡명상의 처음 열두 단계를 계발했다면, 이것은 여러분을 선정으로 이끌 것이다.

선정에서 나옴

「호흡명상의 경」의 마지막 네 단계는 선정에서 막 나온 수행자를 위한 설명이다. 처음으로 선정을 경험하고 나와서, '와~, 이게 뭐였지?'라고 생각하지 않을 수 없다. 따라서 여러분이 첫 번째로 해야 할 일은 이 선정을 다시 검토해 보는 것이다. 비록 이것을 말로 표현하기는 어렵겠지만, 이 경험을 조사해 보라. 스스로에게 물어보라. '이것이 어떻게 일어났지? 내가 특별히 한 게 뭐지? 선정은 어떤 느낌이었지? 왜 이런 느낌이지? 지금 나는 어떻게 느끼지? 왜 이토록 지극히 행복하지?' 이러한 반조反照들은 깊은 통찰을 일으킬 것이다.

선정이 일어난 이유를 설명하는 최선의 단어는 '놓아버림(letting go)'이라는 것을 여러분은 알게 될 것이다. 여러분은 처음으로 진정 놓아버렸다. 집착하던 것을 놓아버린 것이 아니라, 집착함 자체를 놓아버렸다. 여러분은 '행하는 것'을 놓아버렸다. 자아를 놓아버렸다. 자아가 자아를 놓아버리는 것은 어려운 일이다. 그러나 이러한 체계적인 단계를 통해서 실제로 이것을 해냈다. 여러분은 지극히 행복하다.

이렇게 이 경험을 반조한 후, 여러분은 염처수행을 하거나 곧바로 호흡명상의 마지막 네 단계로 간다.

13단계: 무상에 대한 반조

첫 번째 반조는 '아닛짜(anicca)'에 관한 것이다. 이것은 보통 무상無常이라고 번역되지만, 이보다 훨씬 많은 의미를 담고 있다. 이것의 반대말은 정기적이거나 변치 않는 것을 설명하는 데 사용되는 빨리어 단어 '닛짜(nicca)'이다. 예컨대, 율장律藏에서는 매주 화요일 사찰로 음식을 가져오는 신자들에 의해 정기적으로 공급되는 탁발음식을 '닛짜(nicca) 음식'이라고 부른다. 한때 계속되었던 것이 멈추는 것이 '아닛짜(anicca)'이다.

깊은 수행체험 뒤에 숙고해야 할 중요한 사실은, 여러분이 결코 알아차리지 못했던, 정말 변치 않는다고 생각했던 어떤 것이 존재했다는 것이다. 이것을 우리는 '자아'라고 부른다. 선정 속에서는 자아가 사라졌다! 이것을 인식하라. 이것에 대한 인식을 통해 무아의 진리를 아주 깊이 확신하게 될 것이다. 그러면 정말 예류預流를 경험하게 될지도 모른다.

14단계: 점차적 사라짐에 대한 반조

만약 무상에 대한 반조가 효과가 없다면, 어떤 것의 점차적 사라짐을 의미하는 '위라가(virāga)'가 있다. 때로는 이것을 평정平靜이라고 부른다. 이 두 가지 의미 중 보통 나는 '점차적 사라짐'이라는 의미를 더 좋아한다. 이것은 어떤 것이 바로 사라질 때이다.

 선정에 들어갈 때 여러분은 많은 것의 사라짐을 봤다. 그중 일부는 여러분에게 매우 밀접해서 정체성의 본질적인 부분이라고 생각했던 것이다. 선정 속에서는 이것들이 모두 사라졌다. 여러분은 여러분의 자아가 점차적으로 사라지는 것을 경험하였던 것이다.

15단계: 소멸에 대한 반조

선정에서 나온 후 세 번째 반조는 '니로다(nirodha)', 즉 소멸消滅에 대한 것이다. 한때 거기에 있었던 것이 이제 완전히 사라졌다. 그것은 끝났고, 사라졌다. 그리고 그 장소는 이제 텅 비어 있다! 깊은 수행에서만 이러한 텅 빔을 알 수 있다. 여러분이 본질적이라고 생각했던 우주의 많은 부분이 소멸되었다. 그리고 여러분은 완전히 다른 공간에 있다.

 소멸은 세 번째 성스러운 진리이기도 하다. 고통의 끝을 소멸이라고 부른다. 소멸의 원인은 놓아버림이다. 여러분은 진정으로 놓아버렸다. 고통은 끝났다. 그러면 무엇이 남았나? 고통의 반대는 무엇인가? 고통의 끝은 행복이다. 이것이 이런 선정을 여러분이 존재한 이래 가장 행복한 경험으로 기억하게 되는 이유이다. 여러분이 약간의 지혜와 지성을 가지고 있다면, 이러한 지복은 매우 많은 고통이 소멸했기 때문에 일어난다는 사실을 알게 될 것이다.

여러분은 행복을 경험한다. 그리고 그 원인을 안다. 여러분이 아주 오랫동안 편두통으로 고통받았다고 상상해 보라. 그리고 어떤 사람이 방금 발명된 신약新藥을 (이 약이 모든 사람에게 듣는 것은 아니지만 어떤 사람에게는 효과가 있다고 말하면서) 여러분에게 주었다. 그래서 여러분은 이 약을 복용했다. 그리고 약이 효과가 있었다. 편두통이 사라졌다! 여러분은 어떻게 느낄까? 여러분은 날아갈 듯하다. 너무 행복하다! 때로는 너무 행복해서 울음을 터뜨릴지도 모른다. 통증의 끝은 행복이다. 왜 어린 학생들은 연말 시험이 끝나면 그토록 행복해할까?

바로 많은 고통이 끝났기 때문이다. 너무나 흔하게, 세상에서의 행복은 이전에 얼마나 많은 고통을 겪었는가에 대한 척도가 된다. 마침내 주택 융자금을 다 갚고 나면, 여러분은 정말 행복하다. 융자금을 갚느라 수년 동안 일했던 고통이 모두 사라졌다.

16단계: '놓아버림, 버림'에 대한 반조

「호흡명상의 경」에서는 마지막 반조는 이 아름다운 단어 '빠띠닛사가(paṭinissagga)', 즉 '놓아버림, 버림'에 대한 것이다. 이 문맥에서 '빠띠닛사가'는 '거기 밖에 있는 것'의 포기가 아니라 '여기 안에 있는 것'의 포기이다. 흔히 사람들은 불교를 '거기 밖에 있는 것'을 포기하는 탈속적인 종교로 생각한다. 하지만 '빠띠닛사가'는 안의 세계를 놓아버리는 것이다.

'행하는 것'과 '아는 것'을 놓아버리는 것이다. 만약 여러분이 매우 주의 깊게 본다면, 선정에서는 바깥세계의 놓아버림뿐만 아니라 내면세계의 놓아버림이, 특히 '행하는 것', 의지, 통제자의 놓아버림이 일어난다는 사실을 알게 될 것이다.

이러한 통찰은 엄청난 행복, 엄청난 청정함, 엄청난 자유, 엄청난 지복을 일으킨다.

여러분은 고통의 끝으로 가는 길을 발견한 것이다.

이것이 부처님께서 호흡명상을 설명하셨던 방식이다. 이것은 그저 고요한 장소의 편안한 자리에 앉아서, 전면에 호흡을 알아차리고 지켜보는 것으로 시작하는 완전한 수행이다.

스스로의 능력에 적당하다고 생각하는 단계로부터, 단계적으로 차근차근, 선정이라는 심오한 지복의 상태에 도달한다.

선정에서 나온 후에는, 다음 네 가지 중 한 가지를 숙고할 대상으로 가진다.

(1) '아닛짜(anicca)' - 무상 혹은 불확실성
(2) '위라가(virāga)' - 점차적 사라짐

(3) '니로다(nirodha)' - 자아의 소멸
(4) '빠띠닛사가(paṭinissagga)' - '여기 안에 있는' 모든 것을 놓아버림

그리고 여러분이 선정 경험 후에 이것들을 반조한다면, 뭔가가 일어날 것이다. 선정은 화약이고 반조는 성냥이라고 나는 자주 말한다. 만약 두 가지가 함께 한다면, 어딘가에서 '쾅!' 하는 폭발이 일어날 것이다. 이것은 단지 시간문제이다.

여러분 모두가 깨달음이라 부르는 이런 아름다운 폭발을 경험하길 기원한다!

지금까지 호흡명상을 통한 선정과 깨달음으로 가는 여정들을 아잔 브람 스님의 말씀을 통해 알아보았다. 덧붙여 끝으로 필자가 강조하고 싶은 점은, 이 여정은 비단 수행자가 니미따를 만나고 선정을 경험하고 나아가 그 이상의 경지로 나아가는 것뿐만 아니라, 꾸준히 호흡을 통해 자신과 오롯이 마주하며 아름다운 호흡을 지켜보는 것만으로도 감각적 욕망, 악의, 해태와 혼침, 들뜸과 후회, 의심 등과 같은 살아가면서 진리를 향해 가는 우리의 발목을 붙잡는 장애들이 조금씩 옅어지는 등 선한 결과가 나타난다는 사실이다.

독자 여러분의 굳건한 믿음과 꾸준한 실천을 기대한다!

깨달음: 도(magga)와 과(phala)

많은 사람들이 깨달음을 얻고 싶어 한다. 하지만 정작 깨달음이 무엇인지 아는 사람은 거의 없다. 그렇기 때문에 깨달았다는 착각을 일으키기도 쉽다. 강렬한 깨우침이 일어나고 다섯 가지 장애가 사라지는 경험을 한다. 그러나 후에 두려움이나 분노나 그 밖의 다른 번뇌가 일어나는 것을 확인하고서야 자신이 깨닫지 못했다는 것을 알게 되는 것이다.

깊은 수행을 경험한 후에 강렬한 깨우침이 일어나고 마음속은 기쁨으로 가득하다. 그리고 번뇌가 사라진다. 하지만 이런 경우에도 기다려야 한다. 또다시 번뇌가 일어날 수 있기 때문이다. 깊은 수행의 체험으로 폭발이 일어나는 경우에 그 폭발의 연기가 가라앉기까지 여러 해가 걸릴 수도 있기 때문이다. 그러니 스스로가 깨달음을 얻었다고 생각하더라도 부디 침묵을 지키기 바란다. 자신의 증득에 대해 사람들에게 말하지 말라.

탐진치의 번뇌가 일어나는 것을 알기는 비교적 쉽지만 자신이 깨닫지 못했다는 것을 아는 것은 어렵다. 있는 그대로의 사실을 알기 어렵게 만드는 것이 바로 무명無明의 역할이기 때문이다. 무명으로 인해 우리는 자기가 보고 싶은 것만 본다. 그래서 자신이 깨달았다는 착각에 오랜 세월 빠져 있기도 한다.

깨달음에는 예류자, 일래자, 불환자, 아라한의 네 가지 단계가 있다.

첫 번째 단계인 예류자에서는 유신견(有身見, sakkāya-diṭṭhi)이 완전히 사라진다. 어디에도, 어떤 형태로도 자아라는 것이 없다는 것을 이해하는 것이다. 오온五蘊 중의 어떤 것도 내가 아니고, 나의 것이 아니고, 나의 자아가 아니라는 사실을 깨닫는 것이다. 그리고 오온, 다섯 가지 무더기를 벗어난 것은 존재하지 않는다는 것을 아는 것이다.

어떤 이들은 반열반 후에 어떤 형태로든 존재가 지속된다고 생각한다. 그들은 반열반 후에 모든 것이 사라진다면 깨달음은 무슨 소용인지 묻는다. 모든 것이 사라진다고 주장하는 것은 단멸론이고 정신적인 자살이라고 말한다. 하지만 그것은 단멸론이 아니다. 왜냐하면 존재하던 어떤 것이 사라지는 것이 아니라 처음부터 아무것도 없었기 때문이다. 어떤 것이 존재하다가 파괴되는 것이 아니고 처음부터 원인과 결과만 있었던 것이다. 그리고 어느 순간 원인이 소멸되어서 더 이상 결과가 일어나지 않는 것이다.

『상윳따 니까야』의 「야마까경」에서 사리뿟따 존자는 '여래는 사후는커녕 지금 현재에도 확정되지 않으며 그저 오온이 있을 뿐'이라고 말한다. 반열반 후에 존재가 지속되기는커녕 지금 여기에서도 여래를 발견할 수 없다는 것이다. 오온이 있을 뿐이기 때문이다. 그러므로 파괴될 것이 없다. 일어나고 사라질 뿐이다. 원인과 결과이다. 원인이 소멸되면 결과는 더 이상 일어나지 않는다. 그뿐이다. 경전에서는 이것을 분명히 설명하고 있다. 하지만 사람들은 그런 설명을 보지 않는다.

모든 것은 '일어나는 법'이다. 그리고 일어나는 법은 모두 소멸하기 마련이다. 이 진리를 깨달은 사람이 예류자이다. 「초전법륜경」 등의 여러 경전에서 "'일어나는 법은 그 무엇이건 모두 소멸하기 마련인 법이다'라고 티 없고 때가 없는 법의 눈이 생겼다."라는 정형구로 예류과를 얻었다는 것을 표현하고 있다.

예류자의 또 하나의 특징은 부처님과 법과 승가에 대한 완전한 믿음을 가지게 되는 것이다. 수행의 과정에서 수행자는 부처님이 오래전에 경험한 것을 스스로 하나하나 경험하게 된다. 그러면서 부처님과 그의 가르침인 법에 대해 완전한 신뢰와 존경심을 갖게 된다. 그리고 깨달음을 얻는 데 최상의 조건을 제공하는 승가를 존경하게 된다.

하지만 예류자에게는 여전히 탐진치 번뇌가 남아 있다. 이미 무아를 이해한 예류자의 단계에서 어떻게 욕심이나 분노 같은 번뇌가 남아 있는지 의아해하는 사람도 있을 것이다.

견해가 인식을 만들고 인식이 생각을 형성하고 생각이 다시 견해를 강화시킨다. 그런 악순환을 통해 인지 과정의 왜곡이 지속되고 강화된다. 간단히 말하면 견해가 경험과 생각을 좌우하는 것이다. 그래서 잘못된 견해를 가지면 모든 경험을 다 왜곡해서 받아들이게 된다. 견해에 의해서 우리의 인식 자체가 왜곡되는 것이다. 그리고 인식에서 받아들인 일차적인 정보를 통해 우리의 생각이 형성된다. 인식한 것에 기반을 두고 생각하는 것이다.

　이 세 가지가 계속 돌고 돈다. 예를 들면, 불멸의 자아가 있다고 믿으면 그러한 견해에 따라서 불멸의 자아를 경험하게 되고 그러한 경험으로 인해 견해가 더욱 강화된다. 이러한 왜곡의 악순환을 부수기는 매우 어렵다.

　이러한 왜곡을 깨는 방법은 감각적 욕망, 악의, 혼침과 나태, 들뜸과 후회, 의심의 다섯 가지 장애를 극복하는 것이다. 장애가 없으면 세상을 있는 그대로 볼 수 있게 된다. 장애가 없으면 더 이상 보고 싶은 대로 보거나 기대하는 대로 보지 않는다. 예류자가 되면 장애의 일부가 사라진다. 그러면 기존에 가지고 있던 견해가 완전히 뒤집힌다. 다시는 전에 가졌던 견해대로 세상을 보지 않는다.

　수행의 과정에서 큰 영향을 미치는 것이 바로 견해이다. 그래서 팔정도 중에 첫 번째가 바로 바른 견해, 즉 정견인 것이다. 경전에서는 예류자를 '견해를 구족한 자'라고 표현하기도 한다.

　예류자가 된다는 것은 사실은 거기서부터 수행이 시작되는 것이다. 경전에서는 예류자, 일래자, 불환자를 유학(有學, sekha), 즉 배우는 자라고 표현한다. 배움이 시작되기 위해서는 우선 예류자가 되어야 하는 것이다.

　예류자는 수행을 통해 바른 견해가 새로운 인식을 만들 때까지 마음을 계발한다. 유학의 과정, 즉 예류자, 일래자, 불환자의 과정에서는 여전히 오래된 인식이 바른 인식을 가로막기도 한다. 인식을 변환시키는 과정이 범부의 마음에서 성인의 마음으로 전환되는 과정이다. 예류자는 성인에 포함되지만 마음이 가끔씩 옛날 방식과 옛날 생각으로 되돌아간다. 그래서 예류자는 범부의 방식으로 인식할 때가 있다. 하지만 수행의 과정에서 바른 견해가 점점 더 강해진다. 바른 견해의 힘이 강해지면 팔정도의 두 번째인 '삼마 상깝빠(sammā-saṅkappa, 正思惟)', '바른 마음가짐'이 정화된다. 말하고 행동할 때의 마음가짐이 올바르게 정화되는 것이다. 놓아버리는 마음가짐은 바른 마음가짐이다. 무언가를 얻으려는 마음가짐, 유명해지려는 마음가짐, 이득을 취하려는 마음가짐은 바른 마음가짐이 아니다.

  모으려고 하는 것은 바른 마음가짐이 아니다. 버리려고 하는 마음가짐이 바른 마음가짐이다. 좋은 수행자는 언제나 소유가 줄기를 원한다. 소유가 늘어나기를 바라지 않는다. 이것이 바른 마음가짐의 첫 번째인 놓아버림이다. 바른 견해를 가지면 바른 마음가짐이 생겨난다. 그러면 삶의 방향이 놓아버리는 쪽으로 변하게 된다.

  바른 마음가짐의 두 번째는 적개심 없는 마음가짐, 즉 자애로움이다. 예류자가 되면 분노와 거친 마음은 점점 줄어들어서 매우 자애로운 사람이 된다. 언제나 평화롭고 모든 것을 놓아버리는 사람이 된다. 바른 마음가짐을 가지게 되면 바른 말, 바른 행동, 바른 생계가 자연스럽게 이루어진다. 번뇌가 없으면 계율을 지키는 것은 쉽고 당연한 일이 된다.

세 가지의 바른 마음가짐인 놓아버림, 자애로움, 자비로움을 계발하면 자연히 바른 말을 하게 된다. 거칠게 말할 이유가 없어지는 것이다. 다른 사람에게 소리 지를 이유가 없어진다. 그리고 바른 마음가짐에 의해 바른 행동과 바른 생계가 자연스럽게 이루어진다. 이득을 얻는 것보다 무언가 주는 것에서 즐거움을 느낀다.

바른 정진도 바른 마음가짐에서 비롯된다. 경전에서 바른 정진은 네 가지로 설명된다. 아직 생겨나지 않는 좋은 품성을 생겨나게 하는 정진, 이미 일어난 좋은 품성을 지속되게 하는 정진, 아직 생겨나지 않은 좋지 않은 품성이 생기지 않게 하는 정진, 이미 생겨난 좋지 않은 품성이 사라지게 하는 정진이 바른 정진이다. 모두 결과를 기준으로 삼고 있다. 따라서 어떤 방향으로 가면 어떤 결과가 나오는지 스스로의 경험을 통해 점검해 보아야 한다.

억지로 노력하고 애를 쓰면 부정적인 생각이 일어나는가, 아니면 평화로운 마음이 일어나는가? 억지로 애쓰고 노력하면 쉽게 화내고 분노하고 좌절하게 된다. 그리고 점점 까다로워진다. 애를 쓰면 쓸수록 점점 더 요구하는 마음가짐이 되기 때문이다. 억지로 노력하고 애를 쓰는 수행자를 많이 보았지만 정직하게 말해서 그들이 좋은 품성을 계발하는 것을 보지 못했다.

내맡기고 놓아버리고 자애로움과 자비로움을 계발하면 좋지 않은 품성이 점점 줄어든다. 기쁨과 행복감을 느끼게 되고 여러 가지 좋은 품성이 생겨난다.

바른 견해에서 보면 내면에 있는 자아는 없다. 그렇다면 억지로 애를 쓰는 그 사람은 누구인가? 왜 억지로 애를 쓰는가? 애쓰고 노력하는 이유는 무엇인가?

억지로 애를 쓰는 마음은 처음부터 잘못된 전제에서 비롯되었다. 버스에 운전사가 존재하고 있다고 생각하고 있고, 그래서 운전사에게 빨리 가자거나 천천히 가자고 요구하는 것이다. 더 열심히 운전하고 더 영리하게 운전하라고 한다. 운전사가 없다는 것을 아직 모르고 있다. 바른 견해를 가지면 길은 자연스럽게 흘러가게 된다. 노력 없이 흘러가게 된다.

바른 견해가 있으면 자신이 사라질 수 있게 된다. 자신이 사라지면 어떤 노력 없이도 모든 것이 자연스럽게 일어난다. 수행자는 아무 노력 없이 몇 시간씩 앉아 수행하기도 한다. 그리고 즐거움을 누린다. 어떤 노력도 필요 없다. 하지만 억지로 앉으려면 두세 시간 앉는 것도 몹시 힘겹다. 애를 쓰면 긴장하게 된다. 그래서 몇 시간 수행하면 온몸이 아프고 괴로워서 수행 시간의 끝을 알리는 종소리만 기다린다. 하지만 놓아버리는 방법을 알면 수행이라는 것은 전혀 애를 쓰지 않아도 되는 어떤 것이다.

이것이 바른 정진이다. 바르게 정진하면 고요하고 평화스럽기 때문에 마음챙김이 강해진다. 그리고 마음챙김이 강하므로 마음이 오랫동안 고요하게 머문다. 그러면 장애가 일어날 틈이 없다. 장애는 영양분을 공급받지 못하고 약화된다.

선정에 오랜 시간 머무르면 더 이상 감각적인 쾌락을 원하지 않게 된다. 선정의 즐거움이 훨씬 더 강하기 때문이다. 세상의 감각적 쾌락에 대한 집착이나 세속적인 즐거움에 대한 관심이 완전히 사라지는 것이 깨달음의 세 번째 단계인 불환자不還者이다.

불환자는 더 이상 욕계에 태어나지 않는다. 감각적 욕망에 대한 관심이 완전히 사라졌기 때문이다. 다섯 가지 감각적 경험에 대해서 어떤 흥미도 없다. 세상을 떠날 때까지 다른 사람들에게 도움을 주며 그저 해야 할 일을 할 뿐이다.

불환자의 경우에는 바른 견해가 몹시 강해져 있다. 그래서 바른 견해가 인식에 스며들어 이제 더 이상 외부의 세상을 즐거움의 대상으로 여기지 않는다. 가장 좋아하던 음식이나 아름다운 음악 혹은 아름다운 여인을 보아도 그러한 것들을 더 이상 아름답다고 여기지 않는다. 남자는 남자고 여자는 여자일 뿐이다. 더 이상 매혹되거나 하지 않는다. 모든 것이 다섯 가지 무더기, 오온으로 보일 뿐이다. 인식이 마침내 바른 견해와 합치된 것이다. 바른 견해를 가지면 바른 인식을 가지게 되고 바른 인식으로 바른 견해를 보완하게 된다.

제일 마지막에 변하는 것이 '생각'이다. 『상윳따 니까야』의 「케마까경」(S 22: 89)에는 불환자와 아라한의 차이를 설명하는 대목이 나온다. 불환자가 된 사람은 인식이 정화되어 있지만 간혹 자기 자신이 존재한다는 생각이 떠오른다고 한다. 이를 「케마까경」에서는 빨래를 했는데 빨래를 위해 사용했던 세제의 냄새가 남아 있는 것에 비유하고 있다. '내가 있다'는 생각이 미세하게 배어 있는 것이다. 인식의 형태가 아니라 생각의 형태로 남아 있다. 그 상태가 불환자이다. 하지만 이것은 시간이 지나면 해결되는 문제이다.

사람들은 수행자가 선정에 집착하는 위험에 대해 말한다. 그것은 사실이다. 수행자는 선정에 집착할 수 있다. 그러나 선정에 대한 집착은 불환자가 아라한이 되는 것을 방해할 뿐이다. 그러니 그 집착이 큰 문제가 되지는 않는다. 다른 것에 대한 집착이 문제를 일으킨다.

바른 견해를 통해 바른 인식을 가지게 되고 마침내 바른 생각을 가지게 된다. 그 세 가지가 모두 합치해서 더 이상 바라는 마음도 없고 분노도 일어나지 않는 상태가 아라한이다. 마침내 자유로워진 것이다.

누군가 여러분에게 와서 자신이 불환자나 아라한이라고 한다면 그 사람은 불환자나 아라한이 아니다. 불환자나 아라한이라면 자신이 그렇다고 말하지 않을 것이다. 만일 여러분이 깨달음을 얻으면 침묵하기 바란다. 남들에게 말할 필요가 없다.

제3장 대승불교

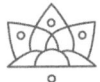

제1절 발단

대승불교 사상의 발단을 추적해 보려면 제2차, 제3차 결집을 살펴보아야 한다. 결집이란 승가에서 경전을 합송하여 확정한다든가 논란거리가 있을 때 이를 해결하기 위한 모임을 말한다.

  어느 시대 어느 조직에서든 보수와 진보는 있기 마련이다. 대개 나이가 든 편을 보수, 나이가 젊은 편을 진보로 분류하지만 꼭 나이에 국한된 문제는 아니다. 인식에 따라서 그 반대인 경우도 있다. 부처님 승단에도 당연히 보수와 진보가 있었다. 그러나 부처님 재세 시에는 별다른 문제가 없었다. 왜냐면 부처님께서 절대지존으로써 모든 일에 명확한 판단을 주셨기 때문이다. 그러나 불멸 후 100여 년이 지난 후 소위 10사 논쟁이 일어난다. 제2차 결집이다. 10사 논쟁이란 10가지 규율에 관해 바이샬리에 거주하는 진보파 비구들로 인해서 일어난 논쟁을 말한다. 논란이 된 열 가지 규율은 다음과 같다.

염정鹽淨: 원칙적으로 출가 비구는 음식을 저장할 수 없다. 그러나 바이샬리 비구들은 소금을 약으로서가 아니라 음식물로서 보관해 두었다가 먹도록 하자는 것.

이지정二指淨: 비구는 정오까지 모든 식사를 끝내야 하지만 바이샬리 비구들은 태양의 그림자가 정오에서 두 손가락 길이 정도를 지날 때쯤까지는 식사를 허용하자는 것.

취락간정聚落間淨: 한 번 탁발을 해서 식사를 한 후에도 오전 중이라면 다른 마을에 가서 탁발할 수 있게 하자는 것.

주처정住處淨: 같은 경계 안에 있는 비구들이 전부 모이기가 번거로우므로 각 주처에서 따로 포살할 수 있게 하자는 것.

수의정隨意淨: 승가의 일을 논의할 때는 원칙적으로 전원 참석이 요구되는데 모든 비구가 참석하지 않은 상태에서 어떤 사항을 결정한 후에 나중에 불참자가 왔을 때 결정된 사항을 알리고 동의를 받는 것도 가능하게 하자는 것.

상법정常法淨: 스승의 시대부터 관습적으로 행해온 것을 자신들이 행하는 것도 합법적이며, 출가하기 이전에 행하던 것을 출가 후에도 행하는 것은 허용하자는 것.

생화합정生和合淨: 정오 이후에 물이나 과즙과 같은 액상음료 외에는 먹는 것이 금지되어 있었는데 바이샬리 비구들이 오후에 석밀 등을 섞은 우유를 마실 수 있도록 하자는 것.

음도루가주정飮闍樓伽酒淨: 아직 발효되지 않은 음료는 마실 수 있도록 하자는 것.

좌구정坐具淨: 좌구를 만들 때 자신의 취향대로 만들 수 있도록 하자는 것.

금은정金銀淨: 금전을 소유하거나 저축할 수 있도록 하자는 것.

제2차 결집은 바이샬리 비구들의 승단 축출로 결론이 났다. 혹자들은 이들 10사 문제 중 10번 금은정 문제가 분열의 직접적인 단초가 되었다고 이야기하지만 대중부 율장인 『마하승기율』을 보면 금은정을 허용하는 어떠한 규정도 발견할 수 없다.

오히려 10사 논쟁 30~40년이 지난 후 마하데바(Mahadeva, 대천) 비구에 의해 제기된 아라한에 대한 5사 논쟁이 분열의 직접적인 원인이 되었다고 본다. 5사 논쟁이란 아라한에 대한 자격 논쟁으로 당시 아라한이라고 하여 장로로 대접받던 일부 원로들에 대해 마하데바 비구가 이들이 아직 이성에 대한 의식과 욕정이 사라지지 않고 지적 미망이 남아 있는 점 등 5가지 문제를 제기하며 이들의 특권을 배제하려고 한 데서 촉발되었다. 결국 이 문제가 상좌부와 대중부로 교단이 분열되는 결정적 계기가 되었다는 것이 최근 학자들의 의견이다. 물론 앞의 10사 논쟁의 후유증도 밑바탕에 작용하였으리라 짐작된다.

불멸 후 약 2~300년이 지난 후 마우리아 왕조의 3대 왕인 아쇼카 왕이 인도 전역을 통일하고 불교에 귀의하여 불교 승단에 전폭적인 지원을 하였다. 그 결과로 승단은 과도하게 팽창하게 되었고 내부로부터 규율 문제 등 잡음이 끊임없이 일어났다. 이로 인해 심지어 7년간이나 포살을 행하지 못하게 되자, 아쇼카 왕은 직접 이 문제를 해결하기 위해 당시 가장 존경받던 목깔라뿟따딧샤 스님을 초빙해 부처님의 법에 대해 일주일간 가르침을 받고 전국에 있는 비구들을 수도인 빠딸리뿌뜨라로 모이게 하였는데 당시 모인 비구들이 무려 12만 명이나 되었다고 한다. 이를 제3차 결집 혹은 빠딸리뿌뜨라 결집이라 하고 교단을 정화하였다고 하여 정화(Purification) 결집이라고도 한다.

당시 모인 비구들 중 약 6만여 명은 현재유체現在喩體를 주장하는 경량부(Vidhajyavada)를 따르는 비구들이었고, 나머지 절반은 삼세실유三世實有와 법체항유法體恒有를 주장하는 설일체유부(Sarvastivada)에 속한 비구들이었다. 불교의 시간관인 현재유체는 시간은 찰나생, 찰나멸하여 흘러가며 오직 현재 찰나만이 실재한다는 이론이고, 반면에 삼세실유는 현재·미래·과거의 삼세를 전부 실재한다고 보는 것이다. 이 시간관이 중요한 이유는 윤회하는 중생의 삶에서 과거·현재·미래의 삼세를 인정하게 되면 삼세를 윤회하는 주체, 즉 자아(Atman)를 인정하는 것이 되어 부처님의 가르침 중 가장 중요한 무아無我의 가르침을 위배하게 되는 것이다.

이에 아쇼카 왕은 12만 명의 비구들을 일일이 면담하여 설일체유부의 주장을 따르는 비구들을 가려내어 흰색 가사를 입혀 북중부 지방에 있는 마투라 지역으로 추방하였다. 이들은 후에 북서인도 지방에 이어서 간다라, 카슈미르 그리고 중국으로 진출하여 초기 북방불교의 전도사들이 되었다. 남아 있던 경량부 비구들은 인도 남부와 스리랑카로 뻗어가 남방 테라와다(Theravada) 불교의 토대를 만들었다.

제2절 브라만교의 소멸과 힌두교의 발생

당시 인도의 대중에게 널리 받아들여졌던 브라만교가 지나친 제사 의식 등으로 인해 대부분 농민이었던 민중의 반발로 그들의 관심에서 멀어져 가고, 대신 인도의 다양한 토속신들을 수용하고 단순한 교리를 바탕으로 당시의 여러 종교의 장점들을 수용한 힌두교가 발생하였다. '발생'이라고 하지만 사실은 인도사회를 지배하던 최상층인 브라만 계급들이 사회를 자신들이 의도하는 대로 지속적으로 통제하기 위해 만들었다고 보는 것이 더 합리적이다.

  이는 종교를 통한 민중의 통제이다. 그리하여 그들은 불교와 자이나교의 여러 수승한 교리들, 특히 그중에서도 불살생의 교리를 받아들임으로써 제사 때마다 그들의 농사일에 없어서는 안 되는 소들을 도축해야 했던 농민들과 서민들의 호응을 얻었다. 또한 힌두교는 왕을 신이 모습을 바꾸어 나타난 존재로 간주하였다. 이에 왕조의 왕들과 귀족들, 즉 크샤트리아 계급도 자신들의 권위를 높이기 위해 힌두교를 적극적으로 후원하게 되어 기원전 5세기경부터는 자연 힌두교가 인도사회에서 득세하게 되었고 그 영향력이 방대하게 되었다.

제3절 대승불교의 탄생

마투라 지역으로 추방된 비구들은 왕가의 지원이 끊어진 상태에서 대중의 마음까지 잃어서는 안 되는 절박한 상황이었으리라. 그리하여 이들은 수행에 주안점을 두는 대신 민중 속으로 들어가 민중의 마음을 얻는 불교를 지향하게 되었다. 자신들을 중생도 함께 구제할 큰 탈것이란 의미의 마하야나, 즉 대승大乘이라 하고, 다른 이들을 가리켜 자신들의 해탈만 추구하는 작은 탈것이란 히라야나, 즉 소승小乘이라는 말로 차별화를 하였다. 그러나 히라야나라는 이 말은 그들의 일방적인 호칭이며 쪼잔하다고 폄하하는 의미를 담고 있어 적절치 않다.

기원전 1세기경이 되면 『도행반야경』, 『소품반야경』 등 대승 경전들이 생산된다. 그러나 이때의 초기 반야부 경전들은 그 내용이 주로 법공法空사상, 즉 부처님의 가르침 자체는 강을 건너는 뗏목과 같아서 깨닫고 난 후에는 이마저도 버려야 된다는 부처님의 말씀을 근거로 하여 교리에 대한 지나친 논쟁을 일삼는 부파불교를 비판하는 데 초점이 있었다면, 기원후 1세기경이 되면 『무량수경』, 『화엄경 십지품』 등 다양한 경전들이 생산되는데 여기에는 많은 가상의 불보살을 등장시키고 우리가 살고 있는 삼천대천세계 외에 타방 불국토 사상을 도입하여 서방정토에 아미타 부처님, 동방 유리광 세계에 약사여래부처님이라는 식으로 여러 부처를 등장시켜 경전을 신화적 내용으로 가득 채우고 있다. 이는 당시 득세하던 힌두교의 다양한 신화적 영향 탓이리라 짐작된다. 특히 이들은 보살사상을 강조하였는데,『유마경』같은 경전은 바이샬리에 거주하는 '유마힐'이라는 가공의 재가 거사를 주인공으로 등장시켜 부처님의 십대 제자들에게 보살도를 가르치는 내용을 담고 있으며, '중생이 아프면 내가 아프다'는 말로 대승의 사상을 대변하고 있다. 이들은 상구보리 하화중생(上求菩提 下化衆生: 위로는 깨달음을 구하고 아래로는 중생을 제도함)이라는 보살의 정신을 강조하며 대중의 마음을 얻고자 했다.

보살이란 보디사트바(Bodhisattva)의 음역으로 '깨달음(Bodhi)을 추구하는 존재(Sattva)'라는 뜻으로 원래 전생의 부처님을 칭하는 고유명사였다. 부처님의 전생을 이야기하는『본생경(Jataka)』의 보살은 온갖 생명체로 태어나 수없이 윤회하면서 자리自利와 이타利他, 즉 상구보리 하화중생의 삶을 살아간다. 상구보리는 "위로는 깨달음을 추구한다."는 의미로 자신의 번뇌를 제거하면서 지혜를 추구하기에 '스스로(自)에게 이로운(利)' 삶이고, 하화중생은 "아래로는 중생을 교화한다."는 의미로 다른 생명체를 도우면서 자비를 실천하기에 '남을(他) 이롭게(利)' 하는 삶이다. 원래 '보살'은 석가모니 부처님의 전신前身 한 분만을 지칭하는 고유명사였는데, 대승사상에서 그들은 이를 보통명사로 그 외연을

임의 확대시켰다. 누구든 부처님의 전생과 같은 삶을 살 경우 언젠가 성불할 수 있다는 추론이 가능하기 때문이라는 이유에서다. 그리하여 동참하는 중생의 범위와 수행의 목표가 더 넓어졌다고 스스로를 '큰 수레'라는 의미에서 '마하야나', 즉 대승大乘이라고 불렀다.

또한 실천 덕목으로 육바라밀을 강조했는데, 육바라밀은 성불의 그날까지 보살로 살아가면서 실천하는 여섯 가지 덕목으로 보시布施·지계持戒·인욕忍辱·정진精進·선정禪定·반야바라밀般若波羅蜜의 여섯 가지로 구성되어 있다. 그중 특히 보시바라밀을 강조하였다. 육바라밀의 수행법에서 보시를 제일 먼저 둔 까닭은 사회의 모든 사람이 상호 협조적인 보시 자선을 행하는 것이 대승불교로서는 가장 필요한 정신이었기 때문이다. '보시'에는 재시財施·법시法施·무외시無畏施의 세 종류가 있다. 재시는 자비심으로서 다른 이에게 조건 없이 재물을 주는 것이고, 법시는 다른 사람에게 부처님의 법을 말하여 선근善根을 자라게 하는 것이며, 무외시는 스스로 계를 지켜 남을 침해하지 않고 다른 이의 두려워하는 마음을 없애 주는 것이다. 육바라밀에는 팔정도의 모든 것이 포함되어 있는 이외에 팔정도에 없는 보시와 인욕이 포함되어 있으니, 이 두 가지가 이타적인 대승불교의 특징을 잘 나타낸다고 그들은 생각하였다.

그러나 이들의 절실한 노력에도 불구하고 인도에서의 대승불교의 전파력은 미미했다. 반면에 기원전후 불교가 전파된 중국에서는 이들 대승불교가 유입된 이후 중국인들의 현세적 사고와 대승사상이 잘 어우러져 8세기 이후 중국불교를 대승화하였으며 나아가 한국, 일본 등 동북아 불교를 대승으로 이끄는 주된 역할을 하게 된다.

제4절 인도의 대승불교 사상

인도의 대승불교 사상은 용수를 중심으로 한 중관학파와 무착·세친 형제를 중심으로 한 유식학파로 대별되며, 후에 여래장 사상과 금강승(밀교)이 출현한다.

중관학
용수(Nagarjuna)는 기원후 2세기경 『반야경』의 공空사상에 영향을 받아 중도사상을 형성한다. 이것을 후대에 중도中道를 지향한다는 의미에서 중관학中觀學이라고 한다.

공空이란 모든 것에는 고정된 실체가 없다는 뜻으로 무상無常과 무아無我의 진리를 가리킨다. 모든 존재는 연기에 의해 얽힌 상호 의존적 존재이므로 고정 불변하는 독자적인 성질인 자성自性이 존재하지 않아 실체가 없는 공空이다. 공은 고정불변의 유有나 절대적으로 아무것도 없는 무無와 같은 양극단을 떠난 것이기에 곧 중도中道이다.

용수는 현상에 불변하는 본질이 있다고 보아 유有에 집착하는 관점과 모든 현상이 우연적으로 존재한다고 보아 무無에 집착하는 양극단의 관점에서 벗어날 것을 강조한다.

용수는 공空에 근거하여 태어남도 죽음도 없는 불생과 불멸(不

生不滅), 항상함과 끊어짐도 없는 불상과 부단(不常不斷), 같음도 다름도 아닌 불일과 불이(不一不異), 감도 옴도 없는 불거와 불래(不去不來) 등 8가지 미망을 제거하는 팔불중도八不中道를 말한다.

공空의 세계는 생겨나거나 사라지지 않으며, 다양함 없이 하나로만 되어 있거나 천차만별의 차이가 있는 것도 아니며, 자성自性을 지닌 실체로서 고정된 것도 아니지만 단멸하는 것도 아니며, 가지도 오지도 않는다.

용수는 이러한 여덟 가지의 양극단을 떠나 중도中道를 잘 관찰하는 일, 즉 중관中觀을 실천해야 한다고 보았다.

용수는 부처님의 가르침을 언어로 표현할 수 없는 궁극적 진리로서의 승의제勝義諦와 중생의 말을 빌려 표현한 언어적 진리인 세속제世俗諦로 구분한다. 승의제가 세속제보다 뛰어난 진리의 세계이긴 하지만, 인간은 불경과 같은 언어의 도움 없이는 진리를 깨달을 수 없기 때문에 세속제를 떠나서는 승의제를 깨달을 수 없다. 그러나 언어는 기본적으로 진리를 은폐하는 것이기 때문에 궁극적인 진리를 획득하기 위해서는 언어에서 벗어나 세계를 중도中道의 관점에서 관조해야 한다.

또한 중관사상에서는 중도의 관점에서 생사 윤회하는 세간과 열반은 차이가 없으며 모두 공이라고 본다. 따라서 이들은 조급하게 세간을 벗어나 열반에 들고자 하지 않으며 오히려 해탈을 희생해서라도 세간에 남아 중생들과 함께 고통을 받고 중생구제와 이타행利他行에 힘쓰는 보살의 삶을 추구한다.

유식사상

한편 기원후 4세기경 무착·세친 형제 등의 유식唯識사상이 나타나는데, 이들에 따르면 의식과 현상 세계는 따로 존재하는 것 같지만, 현상 세계는 의식이 주主가 되어 나타난 것에 지나지 않는다. 현상 세계는 인식의 주체인 의식이 대상의 모습을 띠고 나타난 표상으로 존재할 뿐이고, 현상 세계는 결코 의식을 떠나서 존재하지 않는다. 깨달은 자의 눈으로 보면 이 세계는 의식의 발현이고 표상일 뿐 실재하지 않으며 꿈과 같은 환상이다. 그러나 무명無明에 사로잡혀 주관과 객관의 대립 속에 사는 사람들은 이 세계가 지각된 그대로 실재한다고 믿는다. 그래서 유식사상은 이러한 잘못된 견해를 타파하고 세계를 진정한 지혜로 파악할 것을 주장한다.

유식학은 중관학의 공空사상이 지나치게 공허한 사상으로 치우쳐 간다는 비판을 바탕으로 생겨났다. 공空을 제대로 알지 못하고 머리로만 이해하려다가 '아무것도 존재하지 않는다'는 의미로 잘못 해석해 허무주의로 빠질 수 있기 때문이다. 이를 공에 대한 잘못된 인식이라는 의미에서 '악취공惡取空'이라 한다.

유식사상은 구체적인 사물의 실체를 부정('공'은 인정)하면서도 감각, 지각, 사유하는 마음의 작용인 식識은 존재한다고 보았다.

이들은 마음을 심층적으로 분석하여 모든 존재와 현상은 마음의 인식 작용에 의해 생겨난다고 보았다. 즉, 마음을 떠나서는 어떠한 실재도 없으며 현상을 구성하는 것은 우리의 마음이 만들어 낸 것이라는 일체유심조一切唯心造를 주장한다.

유식사상에 따르면 현상세계는 의식의 장난에 불과하고, 의식을 떠난 객관적 실재란 존재하지 않는다. 따라서 이 세상 모든 것이 의식의 흐름이고 의식에 의해 구축된 망상의 산물이므로, 의식을 제대로 잡고 그 의식의 근본을 알아야 궁극 목적인 해탈에 이를 수 있다고 주장한다.

초기 유식사상은 모든 존재 양식을 의식하는 마음의 세 가지 상태에 따라 세계가 어떻게 다르게 인식되는지를 보이고자 했다. 이러한 이론을 유식 삼성설三性說이라고 한다. 세 가지 성질에는 변계소집성遍計所執性, 의타기성依他起性, 원성실성圓成實性이 있다.

변계소집성은 말 그대로 '두루 헤아려 집착되는 바의 성질'을 말한다. 진리를 깨닫지 못하고 나와 대상에 대한 그릇된 분별을 하고 집착을 하는 것이다. 이는 범부들이 의타기성의 이치를 알지 못하여 연기와 무관하게 모든 사물을 독립적으로 존재하는 실체로 보는 것을 말한다. 의타기성은 모든 존재가 연기에 의해 생겨났으므로 독립적이고 고정적인 실체가 없음을 뜻한다. 원성실성은 말 그대로 '원만히 이루어진 진실한 성질'로서 의타기성의 근본을 이루는 본체적 진리인 '진여眞如'로서, 일체의 모든 사물의 실성實性이다. 즉, 의타기성을 깨닫는 순간 일체 모든 사물의 실상을 보게 되며, 모든 차별과 대립을 초월하여 있는 그대로의 참모습인 진여를 보게 된다는 것이다.

후대 유식사상은 의식의 존재 형태를 분석하여 매 순간 일어나는 여섯 가지 인식(전5식과 의식)과 그것의 바탕이 되는 지속되는 두 가지 마음, 즉 말나식과 아뢰야식을 제시한다.

각각의 내용은 다음과 같다.

전5식: 눈(물질), 귀(소리), 코(냄새), 혀(맛), 몸(촉감).
제6식 의식: 감각기관인 전5식과 달리 내면의 의식 활동을 전담하고, 전5식을 통해 주어진 대상들에 대해 분별하고 판단함.
제7식 말라식: 아뢰야식을 상대로 하여 그것을 '나'라고 간주하는 식識. 잠들었을 때와 깨어 있을 때 모두 활동하면서 인간 정신활동의 연속성을 유지하며 생각하고 헤아리는 데에서 영원불변한 '나'라는 관념이 생겨 아집과 같은 근본 번뇌를 일으킴.
제8식 아뢰야식: 모든 식의 근본이 되며 현상을 구성해내는 마음의 활동 주체. 일곱 가지 식의 모든 행위가 업력이 되어 보존되는 식識.

업의 결과는 제8식인 아뢰야식에 저장된다. 업의 결과인 번뇌의 종자(유루종자有漏種子)가 새로운 조건을 만나 업을 지으면 중생은 윤회를 계속하게 되며, 수행을 통해 지혜의 종자(무루종자無漏種子)가 성숙해져 번뇌를 완전히 제거하게 되면 해탈하게 된다.

유식사상은 정신 집중 운동인 요가의 실천을 강조하여 이러한 요가 수행자들을 '요가짜라', 즉 '유가사'라고 불렀다. 또한 이들은 수행을 통해 오염된 망식을 정화하여 올바른 지혜를 확실하게 깨달아 얻을 것을 강조한다.

여래장 사상

여래장 사상은 부처님이 스리랑카에 가셔서 설법하신 것을 담았다는 랑카(Lanka) 계열의 경전인 『대승입능가경(Lankavatara Sutra)』에 처음 나타난다. 물론 가상의 이야기이다.

여래장 사상은 마음의 본성은 본래 청정하고 번뇌는 객진에 지나지 않는다고 보는 데서 비롯되었으며, 그때까지 나온 대승불교 사상을 통합한 사상으로 특히 공空의 의미를 규명한 중관과 세속의 마음 작용을 설명한 유식을 아우르는 논리를 담고 있으며, 이론에 치우치기 쉬운 반야공관般若空觀을 보완하고 자비의 측면을 부각시켜 누구나 태어날 때부터 부처의 씨앗, 즉 불성佛性을 갖고 있다고 주장하고 있다.

『대승기신론』은 『대승입능가경』에서 말한 이 여래장 사상을 논한 저서이다. 원효 스님은 이에 대한 주석으로 『대승기신론소』를 지었다.

금강승 사상

탄트라 불교, 즉 밀교라고도 하는 이 금강승 사상은 이슬람교의 평등사상을 받아들인 힌두 밀교의 강력한 영향력으로 발생하게 되었으며, 대승불교의 사변적인 사상으로부터 개인 삶에서의 불교사상 실현을 추구한다. 그리하여 대승경전의 특징인 신화적 가상 요소를 수행에도 적극 활용하여 음주와 섹스 등 일반적으로 종교에서 금기시하는 요소들을 수행의 도구로 삼아 자비(남성)와 지혜(여성)의 합일을 성적 과정으로 표현하고 있다.

제5절 결론

대승경전들은 모두 후대의 창작물이라는 것이 과거부터 현대까지의 모든 불교학자들의 결론이다. 그나마 초기 대승경전들은 교리에 지나치게 집착한 부파불교를 부처님의 가르침도 역시 강을 건너는 뗏목일 뿐이라는 법공法空사상으로 비판하며 자신들의 주장이 부처님의 올바른 가르침이라는 것을 강조하는 데 중점을 두었으나, 중기 이후의 대승경전들은 불교사상을 신화화하여 온갖 부처님들과 불보살들을 등장시켜 그들의 말이 마치 고따마 싯닷타 부처님의 말씀인 것처럼 가공하고, 나아가 자신들이 만든 경전들이 위작이라고 비난받을 것에 대한 방비책으로 초기 대승의 법공사상이 무색하게 경전숭배사상을 조장하고 있다는 점에서 비판받지 않을 수 없다. 그리하여 심지어 중국불교는 소의경전에 따라 종파가 나누어지는 웃지 못 할 일이 벌어지기도 한다.

그러면 이 대승경전들을 어떻게 평가해야 될까? 원효 스님은 현장 스님을 비판하며 쓴 『판비량론』에서 대승경전을 '계당정리契當正理'라 하여 올바른 이치에 부합하니 불설佛說이라고 주장한다. 이는 유식사상을 주창한 무착 스님의 『대승장엄경론』의 대승불설 8가지 주장보다는 덜 억지스러우나, 올바른 이치에 부합된다고 해서 이를 부처님 말씀으로 포장하는 것은 심히 잘못된 일이다. 어떤 이들은 당시의 가치체계나 도덕의식이 지금과 많이 달라 오늘날의 잣대로 그것을 판단하여서는 안 된다고 말한다. 그러나 어떠한 설명을 하더라도 불교는 고따마 싯닷타 부처님, 그분의 가르침이라는 것에는 변함이 없다.

혹자는 불멸 후 오백여 년이 지나서야 문자화된 초기 경전들도 니까야와 아함이 일부 다르지 않느냐고 주장할지 모른다. 그러나 그것은 구전으로 결집된 부처님 가르침을 빨리어나 산스크리트어로 옮기고 또 이를 한자로 옮기는 과정에서 발생한 작은 불일치일 뿐 근본적인 문제는 아니다. 부처님의 말씀이 아닌 것에 '경'이란 이름을 붙여 생산한 창작물과는 근본적으로 다르다.

부처님께서는 초기경전 곳곳에 나와 있듯이 초지일관 간절하게 '보시' 등에 대한 가르침을 주셨는데, 다시 보살이니 육바라밀이니 하여 중언부언하는 것은 영향력을 키우려는 종교 단체의 입장에서 보면 한편으로 이해가 되는 면도 없지 않지만 진리를 전하는 부처님 법(法, Damma)의 측면에서는 도를 넘은 것이다.

더구나 이렇듯 대승에서 보시를 강조하여왔지만 오늘날 동북아시아의 대승불교 대부분의 젊은 스님들은 화두 타파에, 나이든 스님들은 자신의 노후 대책에 더 관심이 있고 정작 대중에 대한 보시는 뒷전인 반면, 남방 상좌부 불교에서는 많은 스님들이 깨달음을 구하는 일보다 재가자들의 승단에 대한 보시를 도우는 일을 최우선으로 하고 있다는 것이 남방 상좌부 불교를 잘 아는 분들의 한결같은 증언이다. 어느 쪽이 마하야나(큰 탈것, 대승大乘)인지 참으로 아이러니가 아닐 수 없다.

부처님은 오직 진리를 가르치신 분인데 대승불교운동의 핵심은 부처님의 가르침을 빌어 종교적 외연을 확장하는 데 그 주안점이 있는 것이다. 우리 모두는 각자의 업의 주체일 뿐이다. 보시바라밀을 행한다고 하여 다른 존재의 업의 주체가 될 수는 결코 없다.

부처님이 깨달은 분이라는 것은 이 세상의 모든 철학이나 사상, 종교가 전부 객관적 존재론에 의존한 반면 부처님께서는 주관적 인식론에 의거한 진리를 천명하셨기 때문이다.

그런데 용수 스님은 이 가르침을 망각하고 초기 반야부 경전의 '공空'사상을 그의 『중론中論』을 통해 대두시킴으로써 불교를 존재론의 구렁텅이로 끌고 들어가 결국 '아트만(自我)'과 '범아일체凡我一體'의 존재론에 이골이 난 힌두교의 이론에 밀리게 되는 결과를 초래하여, 인도에서 불교가 존립 근거를 잃게 되는 한 요인을 제공하게 되었다고 하여도 과언이 아니다.

또한 부처님께서 말씀하신 중도中道는 「초전법륜경」을 비롯한 초기 경전 곳곳에서 나타나듯이 팔정도를 말함이다. 그러면 팔정도가 중도라는 말은 무슨 말인가?

바로 쾌락과 고행 추구의 양 극단을 여의고 연기의 원리에 입각하여 한편으로 치우치지 않고 바른 곳으로 인도하는 길을 말하는 것이다. 부처님께서 분명히 이렇게 말씀하셨는데도 부처님의 가르침에는 무언가 더 심오한 것이 있을 것이라고 지레 짐작하여 이를 반논리에 의한 현학적인 언변으로 팔불중도니 하며 중도를 논리적으로만 분석하여 중도가 연기의 가르침이라는 본래의 뜻과는 다르게 오히려 대승불교를 부처님의 가르침과는 먼 길로 이끌어 온 것은 안타깝기 짝이 없는 일이다.

그러나 용수 스님 자신도 자신의 공空에 대한 논리가 부처님의 가르침에 대한 '믿음'의 바탕이 없이는 성립하지 않는다는 것을 잘 알고 있었다. 그러기에 『중론』 '귀경게' 첫 구절부터 『중론』의 마지막 게송까지 그는 부처님에 대한 예경으로 믿음을 강조한 것이다.

용수 스님을 비롯해 그의 직계 제자인 아리야데바, 또 중국 삼론종의 시조인 승조 스님 등 이들 중관론자들이 하나같이 불행하게 삶을 마치게 된 데에는 다 이유가 있는 것이다.

한편 무착 스님은 그의 『대승장엄경론』 서두에 대승이 불설佛說인 이유 8가지를 제시하고 있는데 하나같이 불합리한 주장이다. 불합리를 넘어서 지나가는 소가 들어도 웃을 이야기이다. 또한 유식사상은 미륵보살이 도솔천에서 설하시는 것을 자신이 받아 적었다고 주장하나, 이는 자신의 이론에 믿음을 심으려는 의도이지 실제로 받아들이기는 매우 힘든 이야기이다. 더구나 유식론자들 스스로 그들의 주장이 방편설이라는 것을 잘 알고 있었다. 유식사상의 계승자인 호법 스님은 그의 『성유식론』에서 말라식이나 아뢰야식이라는 것 자체가 하나의 방편설이라고 토로하고 있다.

참고로 무착 스님의 대승 불설 8가지 이유는 다음과 같다.

첫째, 만일 대승이 정법에 장애가 되는 것이라면 생전에 부처님께서 미래의 위험을 미리 예언하지 않았겠느냐?

둘째, 대승이 성문승(부처님의 직접 가르침) 이후가 아니라 동시에 나타났다고 알려져 있는데 어떻게 이것이 불설이 아닌가?

셋째, 대승과 같이 위대하고 심오한 가르침은 일반 사상가들의 영역이 아닌데 외도의 논서에서는 그런 것이 보이지 않기 때문이다.

넷째, 대승이 설혹 다른 사람이 깨달음을 얻어서 설한 것일지라도 그것이 불설이라는 점은 성립한다. 깨달음을 얻어서 그와 같이 설한 자, 그자가 바로 부처이기 때문이다.

다섯째, 만일 어떤 대승이건 존재한다면 그것의 존재로 이것이 불설임이 성립한다.

여섯째, 만일 대승이 존재하지 않는다면 성문승도 역시 없기 때문이다.

일곱째, 대승을 수행할 경우 모든 무분별지에 의지함에 의해

서 온갖 번뇌를 대치하게 된다. 그러므로 대승은 불설
이다.

여덟째, 대승은 소리 나는 대로의 의미가 아니므로 소리 나는 대로의 의미를 수용하여 불설이 아니라고 알아서는 안 된다.

『중아함경』「다제경」을 보면 어부의 아들 사띠Sati(다제는 사띠의 음역)가 죽음 후에 영속되는 '식識'이 있다고 들었다는 데 대해 부처님께서는 'mogha-purisa', 즉 '쓸모없는 인간'이라고 부처님의 말씀 중에 가장 험한 말씀으로 나무라시며 다시 한번 강조해서 '식識'은 오직 연기하는 것일 뿐이라고 말씀하고 계신다.

그런데 유식론자들은 이 '식識'을 더 세분하여 제6식 외에 제7말나식과 제8 아뢰야식으로 구분하고 제8식 아뢰야식을 업식業識이라 하여 영속되는 것으로 주장하고 있으니, 설사 방편설이라고 하더라도 이를 그대로 믿는다면 이는 부처님의 가르침과는 전혀 다른 외도의 이론을 따르는 것이다.

대승불교를 주창한 이들은 중생을 다 제도하기 위하여 자신들의 해탈 열반은 미루어 두기를 서원한다고 주장한다. 그러나 아잔 브람 스님이 날카롭게 지적하셨듯이 열반으로 가는 열차는 중간에서 내릴 수도, 운전사를 통제할 수도 없다. 시간표에 따라 오직 열반이라는 종착지로 갈 뿐이다. 일단 흐름에 든 수행자가 다른 존재들을 위한 자비심으로 깨달음을 연기할 수 없다는 사실은 명백하다. 보살의 서원을 세우기에는 너무 늦었다는 말이다. 이는 인과적 과정이다.

    그럼에도 그들이 이 서원을 슬로건으로 내걸었다는 것은 오직 두 가지 사실을 의미한다. 첫째, 그들이 깨달음에 대해 무지하였다는 것인데, 이 경우 이들은 깨달음을 가장 중시한 부처님의 올바른 제자라고 할 수 없다. 둘째, 깨달음에 대해 알고 있으면서도 이렇게 주장하였다면, 이는 중생들의 깨달음에 대한 무지를 이용해 그들의 종교적 영향력을 넓히려는 악의적 의도를 가진 것이었을 뿐이다.

제4장 중국불교

제1절 중국불교의 성립과 문제점

불교가 처음 중국에 전해진 것은 진한 말부터 후한 초에 걸친 기원 전후일 것으로 추측하는 것이 통설이다. 기원전 2세기 말에 전한의 무제가 흉노를 정벌하여 서역과의 교통로를 열고서부터 서역의 사신이나 상인의 왕래가 점차로 증가하게 되었는데, 그때부터 불교가 중국에 유입된 것으로 여겨진다. 그러나 이후 삼백여 년 동안 불교가 중국인들에게 폭넓게 수용되었다는 증거는 어디에도 없다.

그러면 삼백여 년이란 긴 시간 동안 중국에서의 불교 전파를 가로막은 요인은 무엇이었을까. 첫 번째는 한나라 시대의 문화가 본질적으로 정치문화로서 종교에 관심이 희박하였기 때문일 것이며, 두 번째는 중국인들의 독특한 중화의식 때문이다. 중국인들에게 있어서 외국인은 모두 오랑캐이다. 오랑캐는 인간이 아니고 인간과 짐승의 중간존재인 것으로 여겨졌다.

외국에서 온 것은 물건이라면 몰라도 사상이나 종교라면 일고의 가치도 없는 것으로 여겼다. 기독교 선교를 하였던 한 선교사는 '중국인이 외국인에 대해 갖는 업신여기는 태도는 포교에 있어 큰 장애가 되었다. 그러한 태도는 하층민도 갖고 있었다'고 토로하고 있다. 불교 역시 마찬가지였을 것이다.

그러나 서진 말기에 왕실의 일족이 각지에서 내란을 일으키는 '팔왕八王의 난'이 발생하여 중국 천하가 무정부 상태에 빠지자, 중국 내지에 섞여 살던 많은 북방 부족들이 들고일어나는 소위 '영가永嘉의 난(307~312)'으로 황하 이북의 광대한 지역은 모두 유목민족인 흉노, 갈, 선비, 강, 저의 5호가 각각 국가를 건설하였으니, 이를 5호 16국 시대라 한다. 이들 북방 민족들은 이르는 곳마다 파괴와 살상을 자행하였으니 종래의 내전에서는 볼 수 없는 참혹한 것이었다. 이 때문에 황하유역의 중원에 거주하던 중국인은 대거 미개척된 강남의 땅으로 이동하여 어려운 이주지 생활을 할 수밖에 없었다. 고향을 뺏기고 강남으로도 도망가지 못한 중국인은 이들 북방민족 왕조의 지배하에 들어가게 되었고, '전한錢漢'이나 '치한癡漢'이라 불리는 굴욕을 견뎌야 했다. 한漢은 중국인을 뜻하는데 '전한'이나 '치한'은 '한 푼의 가치밖에 없는 중국인', '개 같은 중국인'이란 의미이다.

이러한 시대적 상황이 일시적으로 중화사상을 약화시켰으며, 이는 3백 년간이나 무시되었던 불교가 갑자기 중국 지식인들의 주목을 받게 되는 계기가 되었다. 불교의 평등사상이 그들의 가슴에 와 닿은 것이리라. 그리하여 남조의 종병宗炳같은 이는 그의 「명불론明佛論」에서 "중국의 군자는 예의에는 밝은데도 인심을 아는 데는 어둡다. 어찌 불심佛心을 알겠느냐?"라고 하여 외형에 무게를 두는 유교보다는 내면에 중심을 두는 불교를 우위에 두었다.

또한 백이·숙제 형제는 올바르게 살았는데도 수양산에서 굶어 죽는 최후를 맞이한 것에 대해 공자는 『논어』에서 "인仁을 찾아서 인仁을 얻었으니 또 무엇을 원망하랴."고 하였는데, 이는 유학이 개인의 행복에 무관심한 채 도덕 만능주의인 것에 비해 불교의 윤회설輪迴說과 삼세보응설三世報應說은 당시 중국의 지식인과 서민들에게 충격적이고도 경이로운 생각으로 받아들여졌다.

육조의 지식인들은 처음에는 유교를 벗어나 노장사상에 심취하였다. 노장사상은 불교의 근본과 유사한 측면을 지닌 점이 이들이 불교를 쉽게 받아들일 수 있게 된 계기가 되었다.

가령 불교의 '공空'은 노장의 '무無'로, 불교의 '열반涅槃'은 노장의 '무위無爲'로, 불교의 '진여眞如'는 노장의 '본무本無'로 맞추어 이해하게 되어 자연히 노장적 불교, 즉 '격의불교格義佛敎'가

형성되게 되었다. 격의의 '격格'은 '량量', 즉 '헤아린다'는 뜻이다. 노장의 용어를 인도의 산스크리트어나 빨리어에 맞춘다는 의미이다.

'격의불교'적 경향은 401년에 쿠차국의 구마라지바(鳩摩羅什) 스님이 당시 수도이던 장안으로 와 많은 불경들을 중국어로 번역하여 그 시대 지식인들의 불교 교리에 대한 이해가 높아짐에 따라 그 정도가 많이 희석되기는 하였으나, 그 후의 중국불교의 역사에서 그 흔적을 지우지 못할 정도로 중국불교를 인도불교와 다르게 특징짓는 하나의 징표가 되었을 뿐 아니라 현재에 이르기까지도 중국불교의 심원에 자리하고 있다. 여기에다가 중국인의 현세적 민족성과 직관적 사고의 산물인 선종禪宗의 독특한 이론이 가미되어 이후 중국불교를 인류의 위대한 스승이자 부처이신 고따마 싯닷타의 가르침과는 사뭇 다른 유사 불교화의 길을 가도록 만들었다고 할 수 있다.

지금도 중국의 많은 도교 사원들에 가면 발 디딜 데가 없을 정도로 많은 사람들로 북적이고, 태운 향냄새로 숨을 쉴 수 없을 지경이다. 이는 이들 도교 사원들이 위치한 곳의 풍광이 수려한 이유도 있겠지만 역시 그 근원에는 중국인들의 의식 속에 도교적 사상이 깊이 뿌리내리고 있기 때문이라 하겠다.

격의불교의 대표적인 사례는 5세기 북위시절에 조성된 산시성 원강석굴 인근 암벽에 491년 건립된 유명한 현공사縣空寺이다.

도가道家의 냄새가 물씬 풍기는 현공사 전경

현공사 법당의 가운데 부처상을 중심으로 사진 우측은 노자상, 좌측은 공자상

이 절의 법당에는 가운데 목조 석가모니 부처님과 그 양옆에 역시 나무로 조각된 노자와 공자가 모셔져 있다. 노자와 공자를 불교에 편입시킨 것이다. 아니면 역설적이게도 노자와 공자에다가 가운데 부처님을 슬쩍 끼워 넣은 것일까?

중국불교에서 실질적인 선종의 주창자는 축도생竺道生(?~434)이라고 할 수 있다. 가난한 선비의 가정에서 태어나 출가하여 북조로 가 구마라지바에게서 불법佛法을 배운 후, 남조의 도읍 건강에서 법法을 편 그는 돈오성불설頓悟成佛說을 제창하였다. 도생은 진리는 하나이고 분할을 허락하지 않기 때문에 나누어서 이해한다는 것은 불가능하다고 하여 돈오頓悟를 주창하였는데, 이는 진리의 인식방법을 다루는 인식론으로서는 매우 극단적 논리이다.

보통 진리의 인식은 논리의 축적에 의해서 순차적으로 진리와 가까워지는 방법을 취한다. 곧 점오漸悟이다. 그런데 도생은 이 논리에 의한 진리에의 접근을 부정하고 주장한 것이 바로 다름 아닌 체험적 직관이다. 이것은 곧 선종의 성립을 의미한다.

본디 중국인은 논리에 약하다. 논리에 의한 추론보다는 직관에 의한 체득을 중시하는 것도 이 때문이다. 그것은 또 '언어에 의한 진리의 표현'을 부정하는 것과도 관련된다. 도생은 그의 『법화주法華注』에서 "아직 진리를 보지 못한 때에는 언어에 의한 중개 역할을 필요로 한다. 그러나 궁극적인 이理를 볼 때에는 이미 언어는 쓸모없다."라고 말하고 있다. 이러한 도생의 주장은 위로는

『장자』의 사상을 계승하면서 아래로는 선종禪宗의 '불립문자不立文字'의 기원을 개척한 것이다.

도생의 돈오설은 「변종론辯宗論」을 쓴 사령운謝靈運을 비롯한 당시 많은 지식인들의 열렬한 지지를 받았으며, 후에 송나라 문제(재위 424~453)도 그의 열렬한 지지자가 되어 도생의 제자들을 후대하였다. 이와 같이 돈오설이 커다란 반향을 불러일으킨 것은 이것이 중국인들의 성향에 잘 맞는 것이었기 때문이다. 중국 선종은 전적이 매우 불확실한 보리달마라는 인도승에게서 시작된 것이라기보다는 체험적 직관을 중시하는 중국인의 전통에서 생겼다고 보는 것이 보다 합리적이며, 그런 면에서 도생은 중국 선종의 실질적 초조라 할 만하다.

수당시대는 유교의 쇠퇴와 불교의 황금시기로 규정된다. 그것은 왕권에 의한 불교의 보호 내지는 이용이란 정책 때문이다. 이미 쇠퇴한 유교로써 인심을 모으는 것이 힘들었기 때문에 불교의 힘을 빌리지 않을 수 없었던 것이다.

이 시기에 중국불교를 특징짓는 종파불교가 다투어 일어났다. 『법화경法華經』을 중심으로 한 천태대사 지의智顗의 천태종, 삼론三論(『중론』·『백론』·『십이문론』)을 주로 하는 가상대사 길장吉藏의 삼론종, 종말론적 사상을 배경으로 한 신행信行의 삼계교三階教, 정토삼부경淨土三部經(『무량수경』·『관무량수경』·『아미타경』)을 의거로 하는 선도 화상의 정토종, 『화엄경』을 의거로 하는 현수 법장

法藏의 화엄종, 오늘날 선종의 본원이 된 남종선을 연 혜능, 삼장법사 현장玄奘과 그 제자 규기에 의해 성립된 법상종, 또 현장이 가져온 『구사론俱舍論』을 토대로 하여 그 제자 보광普光 등이 성립시킨 구사종 등이 열거된다.

또 7세기 후반 인도불교의 말기에 힌두교의 색채가 강한 밀교가 등장하여 인도인인 선무외善無畏와 금강지金剛智, 그리고 그 제자인 불공不空에 의해 중국에 전해졌다. 이 교의는 전형적인 범신론으로 대일여래大日如來라 하는 불佛의 편재偏在를 이야기하는데, 인간도 부처와 상즉상입相卽相入의 관계에 있으므로 번뇌의 몸이 그대로 부처라 하는 즉신성불卽身成佛을 주장한다. 그런데 그것을 실현하려면 주술이나 기도와 같은 비의秘儀의 실천이 필요하다. 당나라 시대, 이 밀교의 비의의 요소가 도교와 상통하는 점과 밀교의 실세인 불공不空이 정계의 실력자와 결탁한 것이 맞아 떨어져, 일시적으로 왕실이나 일부 귀족들 사이에서 환영을 받았다. 그러나 불공의 죽음과 함께 급속히 쇠퇴하여 중국에서는 그 자취를 감추었다.

이들 많은 종파불교 중에서 정토종과 선종은 시대적 도움뿐만 아니라 가장 중국적인 특색을 지니며 중국인의 체질에 적합한 불교였기 때문에, 당대 이후 다른 대부분의 종파가 그 자취를 감춘 것에 반해서 이들은 계속 명맥을 유지하였을 뿐 아니라 송나라 이후 약 천 년 간 명맥을 유지하고 있다. 정토종과 선종은 그 내용에 있어서 커다란 차이가 있음에도 불구하고 한 가지 공통점이 있으니, 바로 이들 양자가 이론을 싫어하고 오로지 염불이나 좌선과 같은 실천을 중시한다는 점이다. 천태, 화엄, 법상 등의 종파들은 이론이 심원하여 승려나 일부 지식인들의 마음은 끌 수 있었지만 현실 생활과는 거리가 있어 대중성이 결여되었다는 약점이 있다. 무엇보다도 이론을 싫어하는 중국인은 간명하고 마음에 직접 호소하는 선과 염불을 선택한 것이다.

정토종은 현세에 적선함으로써 내세에 행복을 추구하는 윤회설에 기반을 두고 있는데, 동진의 혜원慧遠이 여산廬山에서 당시의 명사 123인과 함께 결사를 맺고 백련사白蓮寺에서 염불을 행한 것으로서 그 시조로 삼고 있다. 그 후 북조의 담란曇鸞은 『무량수경』과 『관무량수경』을 근거로 하여 오로지 아미타불을 믿고 염불함으로써 정토왕생淨土往生을 이룰 수 있다고 설명하며 타력이행他力易行의 길을 제시하여 정토종의 골격을 완성하였다고 볼 수 있다. 수나라 시대, 현중사에 있던 담란의 비문에서 느낀 바 있어 정토종에 입문하였다는 도작道綽은 제자와 신도들에게 날마다 7만 번의 염불을 외우도록 하였다. 그러나 정토종을 널리 알리고 대성한 자는 그의 제자 선도善導이다. 그는 당나라 수도 장안에 진출하여 정토왕생을 전파, 당시 『아미타경』을 외우는 신도가 수십만이었다고 한다.

제2절 선불교의 성립과 문제점

성립

선종의 기초를 수립한 이는 육조 말기에 인도에서 온 보리달마라고 하나 그의 제자라고 알려진 혜가와 함께 역사적 사실로는 확인되지 않고 있다. 그들에 대한 많은 이야기들은 후대에 만들어진 것들로 역사적으로 인정되는 것은 수당시대에 들어와 4조 도신道信(580~651) 때부터이다. 5조 홍인의 밑에 신수神秀와 혜능慧能이 나와 각각 북종선과 남종선의 시조가 되어 선종이 비약적으로 발전하는 계기가 되었다. 신수(606~706)는 유·불·도의 3교에 통달해 홍인 문하에서 상좌가 된 이로서, 측천무후의 초청으로 국사國師가 되어 장안과 낙양 양경의 귀족들과 백성들로부터 절대적인 존경을 받았다. 신수가 죽은 후에도 그 제자들은 수도를 중심으로 많은 신자들을 배출하여 북종선은 당대 불교계의 왕좌를 점하고 안녹산의 난이 일어나기까지의 약 50년 간 전성기를 누렸다.

혜능(638~713)은 신수와는 정반대로 당시 오랑캐 땅이었던 남부 광동성의 일자무식의 가난한 나무꾼 출신이었다. 36세의 늦은 나이에 멀리 황매산으로 5조 홍인 대사를 찾아가 8개월간의 방앗간 노역 끝에 홍인의 법을 받아 남으로 내려와 3년 후에 법을 펼치게 된다. 남북 2종의 차이는 양인의 당시 형편을 그대로 반영하고 있는데, 똑같이 심성心性의 직관을 강조하면서도 신수의 북종선이 보다 교학적 요소를 많이 강조한 반면, 혜능은 '이심전심以心傳心, 불립문자不立文字'를 주장한다. 후에 소위 '남돈북점南頓北漸'이라는 말이 생긴 것도 이 때문이다.

당나라 전반기까지는 도시를 중심으로 전파된 북종선이 우세하였으며, 남종선은 세상에 알려지지 않았다. 그러나 안사의 난(755~763) 이후 남종선이 북종선을 압도하게 되어 결국 북종선은 그 전승이 끊어지게 되어, 이후 현재에 이르기까지 선종은 모두 남종선뿐이다. 이러한 결과의 발단을 만든 이는 혜능 문하에 있던 신회神會(684~758)였다.

천보 14년(755년) 11월 안녹산의 난이 발발하여 낙양과 장안이 함락되고 현종은 사천으로 피신하고 황실의 군비가 바닥나자, 우복야 배면의 계책에 따라 주요 도시에 계단戒壇을 설치하고 도첩圖牒을 팔아 군자금을 마련키로 하였는데, 이를 주도하도록 천거된 이가 바로 신회였다.

지덕 2년(757년) 곽자의가 낙양과 장안을 회복하니 이에 숙종 황제는 조서를 내려 신회를 궁으로 초청하여 공양하였으며 하택사에 도량을 증수하여 하사했다. 이후 신회는 왕권의 도움으로 스승인 혜능을 선양하고 남종선의 기치를 일으키게 된다.

혜능 아래 청원과 남악이 있었으며, 청원 아래 석두와 동산, 조

산의 조동종, 운문의 운문종, 법안의 법안종, 남악 아래 마조, 백장, 황벽, 임제의 임제종, 백장 아래 위산과 앙산의 위앙종 그리고 임제종에서 양기파와 황룡문파가 발생하여 5가 7종의 선종 전성시대를 구가한다.

『단경』을 위시한 남종南宗의 종취는 자성自性이 구체적인 현상, 즉 마음 밖의 경계 속에서 걸림 없이 발휘되는 활용에 견성見性의 참된 의미를 두고 있다. 그리하여 모든 중생이 마음이 미혹하면 외부에서 성불을 구하기 때문에 자기의 본성을 깨닫지 못하게 되니 근기가 작은 사람이라고 하는 것이다. 그러나 돈오頓悟의 도리를 듣고 외부에 의지하지 않고 수행하여 자기의 마음에 바른 견해가 일어나면 번뇌가 가득한 중생일지라도 역시 바르게 깨닫게 되니, 마치 큰 바다가 각종의 계곡물, 호수, 강물들을 받아들여 하나가 되는 것과 같으며, 이를 일러 '견성見性'이라 한다.

『단경』은 정혜일체定慧一體의 주장으로 수정修定에 치우친 북종의 선정발혜先定發慧의 선법을 비판하고 있으나 이는 관점의 차이, 즉 진정한 정定에 들었을 때 정혜일체가 되는 것이고 진정한 정에 들기 위해서는 수행이라는 과정이 필요한 것을 도외시한 주장인 것으로 보인다.

무념無念에 대해서는, "무엇을 무념이라 하는가? 무념법은 일체법을 보면서도 일체법에 집착하지 않으며, 일체처一切處에 두루하면서도 일체처에 집착하지 않는다. 항상 자성을 청정하게 하여 육적六賊으로 하여금 육문六門을 나오게 하여 육진경계六塵境界 가운데 있더라도 그 경계를 떠나지 않고 물들지 않아서 운용이 자유로우니 이것이 곧 반야삼매요 자재해탈이며 이름하여 무념행이라 한다."고 하였다.

중국에서는 도교사상과 노장사상이 결합하여 불교의 공성空性과 반야바라밀의 실천이 무위無爲로 통하는 도道의 의미로 받아들여졌다. 그리하여 당나라 시절 도교와 불교가 혼합된 중현학이 개화되었으며 격의불교가 발달하게 되었다. 도가와 불교의 융합은 선사상禪思想에서 완성되는데, 도가의 불로장생의 지향과 불교의 해탈 열반을 위한 수행이 유사점을 지녔기 때문이다.

불성佛性사상은 『열반경』에 그 뿌리를 두고 있는데 깨달았을 때 비로소 불성이 완전한 상태로 드러난다는 시유설始有說과 본래부터 완전한 상태로 존재한다는 남종선의 기본입장인 본유설本有說이 있다. 『열반경』의 불성사상과 『금강경』의 반야사상이 결국 남종선의 사상적 기초가 되는데 남종선을 실질적으로 일으킨 신회神會는 자성自性은 본적本寂(체體)과 본지本知(용用)의 이의二義로 이루어져 있으며, 작의作意하지 않음으로 자성을 깨닫는 것을 무념無念이라 하고, 직심直心사상을 돈오頓悟 견성見性의 의미로 확장시켰다.

신회는 그의 『남양화상문답잡징의』에서 "여러분, 만약 수행의 지위를 배우는 사람이 만약 마음에 염念이 있으면 바로 각조覺照

해야 합니다. 만약 마음이 일어난 순간 소멸하여 각조覺照 자체도 없어지는 것이 바로 무념無念입니다. 이 무념이란 일체의 경계가 없는 것입니다. 만약 일체의 경계가 있다면 무념과 상응하지 못하기 때문입니다."라고 하고 있다.

더불어 『선원제전집도서』에서 하택종荷澤宗의 계승자로 알려진 규봉圭峰 종밀宗密은 신회의 무념을 이렇게 평가하고 있다. "자성自性의 공적지지空寂之知를 돈오頓悟하라. 지知도 무념無念, 무형無形이거늘 누가 아상我相과 인상人相이라고 할 것인가. 모든 상상이 공空인 것을 깨달으면 마음은 자연스럽게 무념에 이른다. 상념이 일어나면 곧 공이라는 것을 알고, 그것을 알면 상념은 사라진다. 수행 방법은 이것 이외는 없다. 그러므로 만행을 갖추어 수행하더라도 오로지 무념無念을 종宗으로 하는 것이다."

이러한 설명들을 미루어 볼 때, 그의 제자들이나 후대인들이 아무리 좋은 말로 해석하더라도 결국 남종선의 무념은 사마따(禪定) 수행에서 추구하는 선정, 소위 '심일경성心一境性'에 다름 아님을 이 글들로 알 수 있다.

북종의 신수는 동산법문의 수심守心과 심불기心不起를 계승하여 몸과 마음이 불기不起하는 것을 수진심守眞心으로 연결하였다. 그는 『대승무생방편문』에서 "불佛이란 무엇인가? 불심은 청정하여 유무有無를 떠난다. 신심信心을 일으키지 말고 항상 진심眞心을 지켜라. 진여眞如란 무엇인가? 심心이 불기不起하면 심진여심

眞如요, 색色이 불기不起하면 색진여色眞如다. 심진여이기 때문에 심해탈心解脫이요, 색진여이기 때문에 색해탈色解脫이며, 심과 색을 모두 떠나면 곧 무일물無一物로 이것이 대보리수大菩提樹다."라고 하여 근본적으로는 신회의 남종이 추구하는 경지와 크게 다르지 않음을 보여주고 있다.

  4조 도신道信으로부터 법을 부촉 받았다고 알려져 있는 우두종牛頭宗의 시조 우두牛頭 법융法融(594~657)의 종지宗旨에 대해 규봉 종밀은 그의 『중화전심지선문사자승습도』에서 "우두의 종지는 제법諸法이 꿈같고 본래 일이 없으며, 심경이 본래 공적空寂하여 이제 비로소 공적해짐이 아님을 체득함이다. … 이미 본래 일이 없음을 요달하면 이치에 마땅히 자기를 잃고(喪己) 정을 잊음(忘情)이다. 정을 잊음은 곧 고통의 원인이 끊어지고 일체의 고액苦厄을 제도한다. 이것이 정을 잊음으로 닦음을 삼는 것이다."라고 하고 있다. 여기에서 '상기', '망정', '정망' 등의 용어는 명확하게 『장자莊子』로부터 온 것이며 또한 그 사상도 상당히 유사하다. 따라서 우두선의 기본적인 사상이 노장, 현학과 서로 가까울 뿐만 아니라 많은 용어도 유사한 것으로 평가되고 있다.

  법융의 선지禪旨는 우두종의 4조 법지法持에 이르러 세상에 드러나게 되었으며, 그 번성은 6조 혜충慧忠과 현소玄素부터이며, 이들이 당시 남종과 교류가 친밀하고 활성화된 것은 법융의 선의 근원이 돈오돈수頓悟頓修에 있었기 때문이다. 우두 법융의 선사상이 비록 그 기간은 짧지만, 우두종으로서 그 법맥이 계승되고 또한 주변의 종파에까지 영향을 미친 것은 법융의 선지가 도가의 노장사상의 색채가 상당히 강하지만, 달마의 종지宗旨에 상위相違됨이 없는 반야공관般若空觀을 근간으로 한 선禪이며, 또한 중국 선종의 특색이라고 할 만한 기본정신을 토대로 하고 있었기 때문이었다.

중국 불성론佛性論의 발전 과정에서 '무정유성無情有性'은 이른바 '유정유성有情有性'과 거의 동시에 나타나고 있으며, 본격적인 '무정유성'의 논증을 시작한 이는 바로 삼론종三論宗의 길장吉藏이라고 할 수 있다. 그 까닭은 본래 도가道家의 『장자』에서 제창하는 도道의 '무소부재無所不在'에 있어서 이미 그 사상적 실마리가 존재하고 있었고 초기 '반야般若'에 대한 이해는 기본적으로 도가 특히 이른바 '장학莊學'으로 칭해지는 『장자』의 해석과 밀접한 연관을 맺었기 때문이다. 우두종은 바로 철저하게 '장학'을 바탕으로 하여 이른바 유명한 명제인 '푸르고 푸른 대나무가 모두 법신法身이며, 활짝 핀 노란 꽃이 반야 아님이 없다. (청청취죽靑靑翠竹 진시법신盡是法身 욱욱황화郁郁黃花 무비반야無非般若)'의 명제를 논증하면서 '무정유성'의 불성론을 중심으로 하는 선禪사상을 구축하게 된다.

그러나 홍인과 혜능은 이를 부정하고 '유정유성'의 이론을 전개하였으나, 신회의 시대에 와서는 우두종이 선종의 법맥으로 인

정받음으로 인해 점차 전체적인 선사상에 영향을 미쳐 이른바 '무정설법無情說法'의 사상이 대두되게 되었다. 또한 안사安史의 난(755~763) 이후 피폐된 경제에도 불구하고 '재齋'가 성행하는 등의 현상에 따른 기존 불교에 대한 반발심이 새로운 사상인 노장, 도가의 사상적 경향이 강한 우두선의 유행을 낳았으며, 이로 인해 '무정유성'이 힘을 얻게 되었다. '무정유성'의 불성론이 선종에서 유행하게 되면서 불성의 '물성화物性化'가 출현하게 되고, 이른바 '뜰 앞의 잣나무'라든가 '부처는 마른 똥자루'라는 화두話頭가 대두되는 소위 후기 조사선祖師禪의 시대를 맞이하게 된다.

남종의 신회사상은 후대 선종의 사상적 발판이 되었다. 그러나 신회의 선禪이 본체 중심적인 수행의 구도였다면 홍주종洪州宗의 마조馬祖 도일道一(709~788)에 이르면 본체本體와 더불어 작용作用을 강조하는 수행의 구도로 변화하여 구체적인 일상의 상황에서 자유자재로 발휘하는 대기대용大機大用의 선풍을 전개함으로써 돈오頓悟사상을 발전시켰다.

『경덕전등록』권28「마조장馬祖章」에는 "도道는 닦을 필요가 없다. 다만 더럽히지만 말라. 어떤 것이 더럽히는 것인가. 생사심生死心으로 조작하고 추구하는 것이 바로 더럽히는 것이다. 단번에 도를 이루고 싶은가. 평상심平常心이 도다. 평상심이란 어떤 것인가. 조작造作·시비是非·취사取捨가 없고 단멸斷滅·상주常住가 없으며, 범부凡夫라 할 것도 없으며 성인聖人이라 할 것도 없느니라. 경經에서 '범부의 행도 아니요, 성현聖賢의 행도 아닌 이것이 보살菩薩의 행이다'라고 하였다. 다만 지금과 같이 행주좌와 형편에 따라 움직이고 사물에 접하는 모든 것이 도인 것이다. 그러므로 도란 것은 법계法界를 말하는 것이다. 항하恒河 모래의 묘용妙用도 이 법계를 벗어나지 않는다. 만약 그렇지 않다면 어떻게 심지법문心地法門이라 할 수 있을 것이며, 어떻게 무진등無盡燈이라 할 수 있을 것인가."라고 하여 수행을 강조하는 점수법漸修法을 부정할 뿐 아니라 '평상심시도平常心是道'라고 하여 일상 모든 것들을 긍정하는 자심불自心佛 사상체계를 수립한다.

또한 『강서마조도일선사어록』에는 "일체 법法이 모두 심법心法이고 일체 이름은 모두 심心의 이름이다. 만법萬法이 모두 심心에서 나오고, 심心은 만법의 근본이다. 때문에 경전은 '마음을 깨쳐 근원에 도달하면 그것을 묘문妙門이라 한다.'"라고 하여 자심自心과 본심本心으로 심心을 바라본 『단경壇經』의 심心 관점을 계승하고 있음을 보여주고 있다.

문제점들

중국 선불교의 문제점을 논하기 전에 우리는 우선 인도 사상사를 잠시 살펴보아야 한다. 왜냐면 인도에서 불교가 탄생하기까지에는 삼천여 년의 시간에 걸친 사상적 배경이 있었기 때문이다.

인도는 기후적으로 6월부터 10월에 걸친 장마철이 있는데, 장마라 하여 비가 조금 오는 정도가 아니라 도로도 밭도 논도 구별할 수 없을 정도의 많은 비가 내린다. 자연히 이 기간 동안은 외부 생활이 거의 불가능하여 실내에 머물 수밖에 없다. 긴 시간의 실내 생활로 인하여 인간의 근본 문제에 대한 사색이 깊어져 사상적으로 많은 발전이 있었다. 기원전 3,000년경의 모헨조다로와 하라파 등의 유적지에서 발굴된 명상하는 요기들을 담은 인장과 흉상들은 이러한 흔적들을 잘 보여주고 있다.

기원전 6세기 부처님 당시 인도에는 크게 두 부류의 종교가 있었으니, 인더스 강 상류 지방에서 발생한 타력 종교로서 단일사상을 가진 바라문 집단과 갠지스 강 유역에서 발달된 신흥 사상이자 자력 신앙인 사문(沙門, Sramana) 집단이 있었다. 지식의 체계라는 의미의 『베다』와 『브리마나』 그리고 나중에 『우빠니샤드』로 발전된 경전을 중심으로 대중의 폭넓은 지지를 받은 바라문 집단에 비해 '노력하는 자'라는 의미의 사문 집단은 도덕 부정론을 주장한 까리나 까사빠, 숙명론을 주장한 막깔리 고살라, 유물론의 아지따 깨사깝발린, 형이상학적 회의론의 산자야 벨랏띠뿌따, 불멸론의 빠꿋따 깟짜야나, 마하비라의 자이나교 등 6명의 사상가들이 다양한 이론을 펼치고 있었다. 이러한 유구한 사상적 역사의 바탕 위에서 고따마 싯닷타의 불교가 탄생할 수 있었던 것이다.

그러나 중국은 당시에도 지금도 이러한 사상적 배경이 미미했다. 그러기에 중국인들은 처음 불교가 중국에 전파되어 이해할 때 그들의 고유사상인 도가적 이론을 바탕으로 불교를 받아들일 수밖에 없었다. 그것이 바로 '격의불교'이다. 이 격의불교적 성향은 비단 제대로 된 중국어 경전이 보급되기 전에만 그러했던 것이 아니고 구마라지바 이후 불교경전들이 중국어로 번역되어 일부 지식인들과 상류층을 대상으로 보급되었음에도 그 정도가 날로 심화되어 갔다.

거기에는 두 가지 큰 원인이 있었다. 첫째, 중국인들의 논리적이고 이론적인 것을 싫어하는 성향 때문이다. 불교는 주지하는 것처럼 철저하게 논리적이고 분석적이다. 심지어 부처님의 제자들은 스스로를 '해체를 설하는 이들'이라고 불렀다. 사상적으로 훈련되어 있던 인도인들과는 달리 중국인들은 이렇듯 논리적인 불교 이론을 그냥 받아들이기는 매우 어려웠을 것이다. 그러다 보니 그들에게 익숙한 도가道家 이론에 맞추어 불교를 이해한 것은 어쩌면 당연한 결과였으리라. 둘째, 중국어의 모호성에 그 원인이 있었다. 어떤 언어든 전부 개념적이다. 그러나 유독 중국어는 그 정도가 심하다. 마치 중국 고대 그림에 나오는 구름에 가린 용의 모습과 같다. 용의 모습을 다 볼 수가 없게 그려 놓았다. 안 보이는 부분은 상상으로 채워야 한다. 그러다보니 자연히 직관을 중시할 수밖에 없다.

예를 들어 보겠다. 중국 선종에서는 '견성성불見性成佛'이라고 한다.『육조단경』의 '견성품'에도 보면 '식심견성識心見性 자성불도自成佛道'라고 나온다. 그런데 '견성見性'이라는 것이 정확히 무슨 말인가? '성性'이라는 말속에 여러 가지 의미를 담고 있어 정확히 '견성', 즉 '성性을 본다見'는 의미가 무엇인지 알기가 쉽지 않다. 성철 스님은 당신의『돈황본 단경』에서 이 부분을 '마음을 알아 자성自性을 보면 스스로 부처의 도를 성취한다'라고 해석하고 있지만 '자성'이라는 말도 이해하기가 쉽지 않음이 사실이다. 자신의 성품이라는 것이 구체적으로 무엇을 말하는 것인가? 오온五蘊을 일컫는 것인가? '식심識心'도 마찬가지이다. 마음을 안다는 것이 마음의 실체, 즉 마음은 본래 없다는 것을 안다는 것인지, 아니면 마음이 실재한다는 것인지 그 정확한 의미를 파악하기가 쉽지 않다.

동국대학교 경주 캠퍼스의 고 김성철 교수 같은 분은 '견성見性'을 견혹見惑 즉 인지 번뇌를 끊는 것을 말한다고 한다. 인지 번뇌만을 끊어서 깨달음을 이룰 수 있는 것은 아니고 그 후 감성 번뇌를 없애는 일이 더 어려운 것은 주지의 사실이다. 그렇다면 '견성'하여 '성불'한다는 말은 말이 되지 않는다. 이렇듯 다양한 해석을 할 수 있게 하여 논리적인 추론을 어렵게 하는 것이 중국어이며, 이 모호성을 이용해 중국인의 마음을 얻은 것이 바로 중국 선종이다.

이같이 불교를 받아들이기에 열악한 조건에서 발전된 중국불교는 중국식 불교, 유사 불교가 되는 것이 어쩌면 당연했다. 제대로 된 불교를 알려면 수행 못지않게 교법이 중요한데 이 부분을 싫어하고 지금 잘 먹고 잘 사는 것을 중시하는 현세화 성향 때문에 단순한 염불과 같은 행위가 득세를 하고 자연히 불교가 본연의 자력 종교가 아닌 타력 종교화되었다.

게다가 직관을 선호하고 중시하며 논리적인 접근을 싫어하는 그들의 성향은 불교의 요체인 깨달음에 있어서도 단계별로 깨닫는 '점오漸悟'가 아니라 단박에 깨닫는 '돈오頓悟'에 더 열광하게 된다.

이러한 것들이 교학에 더 비중을 둔 신수의 북종이 50여 년의 득세에도 대중의 마음을 얻지 못한 이유요, 그 후 '돈오'를 내세운 혜능의 남종이 신회의 활동 이후 중국불교계를 접수한 이유이기도 하다.

중국불교에서 실질적인 선종의 주창자는 축도생竺道生(?~434)이라고 할 수 있다. 가난한 선비의 가정에서 태어나 출가하여 북조로 가 구마라지바에게서 불법을 배운 후, 남조의 도읍 건강에서 법을 편 그는 바로 깨쳐서 도를 이룬다는 돈오성불설頓悟成佛說을 제창하였다. 도생은 진리는 하나이고 분할을 허락하지 않기 때문에 나누어서 이해한다는 것은 불가능하다고 하여 돈오頓悟를 주창하였는데, 이는 진리의 인식 방법을 문제로 하는 인식론으로서는 매우 극단적 논리이다. 보통 진리의 인식은 논리의 축적에 의해서 순차적으로 진리와 가까워지는 방법을 취한다. 곧 점오漸悟이다. 그런데 도생은 이 논리에 의한 진리에의 접근을 부정하고 주장한 것이 바로 다름 아닌 체험적 직관이다. 이것은 곧 선종의 성립을 의미한다. 중국인들의 구미에 딱 맞는 이론이다.

도생은 그의 『법화주法華注』에서 "아직 진리를 보지 못한 때에는 언어에 의한 중개 역할을 필요로 한다. 그러나 궁극적인 이理를 볼 때에는 이미 언어는 쓸모없다."고 말하고 있다. 이러한 도생의 주장은 위로는 『장자』의 사상을 계승하면서 아래로는 선종禪宗의 '불립문자不立文字'의 기원을 개척한 것이다.

도생의 돈오설은 「변종론辯宗論」을 쓴 사령운謝靈運을 비롯한 당시 많은 지식인들의 열렬한 지지를 받았으며, 후에 송나라 문제(재위 424~453)도 그의 열렬한 지지자가 되어 도생의 제자들을 후대하였다. 이와 같이 돈오설이 커다란 반향을 불러일으킨 것은 이것이 중국인들의 성향에 잘 맞는 것이었기 때문이다. 중국 선종은 전적이 매우 불확실한 보리달마라는 인도승에게서 시작된 것이라기보다는 체험적 직관을 중시하는 중국인의 전통에서 생겼다고 보는 것이 보다 합리적이며, 그런 면에서 도생은 중국 선종의 실질적 초조라 할 만하다.

그럼 다음 장에는 중국 선종에서 금과옥조金科玉條로 여기는 『육조단경』을 통해 중국 선종의 제 문제점들을 살펴보자.

제3절 『육조단경』과 문제점

천보 14년(755년) 11월 안녹산의 난이 발발하여 낙양과 장안이 함락되고 현종은 사천으로 피신하고 황실의 군비가 바닥나자 우복야 배면의 계책에 따라 주요 도시에 계단戒壇을 설치하고 도첩圖牒을 팔아 군자금을 마련키로 하였는데, 이를 주도하도록 천거된 이가 바로 신회神會(684~758)였다.

지덕 2년(757년) 곽자의가 낙양과 장안을 회복하니 이에 숙종 황제는 조서를 내려 신회를 초청하여 공양하였으며 하택사에 도량을 증수하여 하사했다. 이후 신회는 정권의 도움으로 스승인 혜능을 선양하고 남종선의 기치를 일으켰다.

신회의 혜능 현창운동과 남종선 건립 노력의 핵심은 혜능계의 남종이 정법을 계승한 정통임을 천명하는 것이었다. 신회의 노력은 안사安史의 난을 전후하여 선종 각파에서도 남종南宗에 동조하면서 자파自派의 정통성을 강조하기 위한 반북종反北宗 현상을 불러 일으켰다. 금릉金陵의 우두종牛頭宗, 사천四川의 보당종保唐宗, 마조馬祖의 홍주종洪州宗으로 대표되는 이후의 선종의 전개는 새로운 남종의 입장에서 혜능의 법계法系와 돈교頓教의 선사상을 토대로 자파의 종지를 전개시켜 나갔다.

『단경』에 따르면 혜능은 함형 5년(674년) 36세의 나이로 홍인 대사를 찾아간다. 8개월의 방앗간 노역 끝에 홍인 대사의 법을 받아 남쪽으로 내려와 3년여 사냥꾼 움막에서 기거한 후 대범사大梵寺에 모습을 드러낸다.

『단경』은 혜능(638~713)의 대범사大梵寺 설법을 직제자인 법해法海 등이 어록語錄 형식으로 필사해 편성한 것이라고 『단경』에 기록되어 있으며, 돈황본敦煌本과 혜흔본惠昕本, 설숭본契嵩本 등의 계통으로 나눠진다. 돈황본은 현존하는 가장 오래된 『단경』으로 후대 유통된 『단경』의 원형으로 볼 수 있다. 혜흔본(967)과 설숭본(1056)은 원본이 발견되지 않았지만 혜흔본은 이후 진복사본, 홍성사본, 대승사본, 금산 천령사 소장본으로 전승되었으며, 설숭본은 덕이본과 종보본으로 전승되었다.

그러나 『육조단경』은 여러 가지 의문점들을 갖고 있다. 우선 집기자集記者로 지목된 법해에 대한 기록이 석정본石井本 『신회어록』의 「혜능장」에만 등장하여 그 인물의 실존 여부를 확인할 길이 없다. 오히려 호적胡適 같은 이는 "선종禪宗의 유일한 전적인 『육조단경』은 신회의 걸작이다."라고 그의 『신회화상유집』에서 주장하여 법해를 부정하며, 정성본鄭性本도 그의 논문 「육조단경의 성립과 제문제」에서 『단경』의 작자인 법해에 대해서는 전혀 알 수 없다고 밝히고 있다.

현재 많은 『육조단경』 연구자들은 법해가 돈황본 『단경』을 집기했을 가능성과 법해의 실존 여부의 가능성을 적게 보고 있다.

또한 법해로 하여금 돈황본 『단경』을 집기토록 했다고 기록된 소주자사韶州刺史 위거韋璩 역시 『신회어록』「혜능전」에서만 그 이름을 찾을 수 있다.

정성본은 위의 논문에서 『단경』 서품에서 말하는 소주 대범사大梵寺는 말할 것도 없고 법해, 십대제자 등은 가공의 인물들로 석정본 『신회어록』이나 『역대법보기歷代法寶記』의 설을 차용해 만들었다고 지적하고 있다. 따라서 『육조단경』의 성립 시기도 불분명한 것이 사실이다.

양회문楊會文은 그의 『돈황신본 육조단경』에서 혜능이 입멸한 713년부터 신회가 활대滑臺에서 종론宗論을 벌인 732년 사이에 성립되었다고 보며, 박종호朴宗浩는 그의 「단경 제본 연구」에서 신회의 입멸인 758년부터 혜충이 입멸한 775년까지 약 17년 사이에 성립되었다고 주장한다. 그러나 대체로 혜능의 입멸로부터 20여 년 후 신회가 활대에서 종론을 벌이는 시기인 732년경에 성립되었다고 보는 것이 일반적인 시각이다.

요컨대 『단경』은 중국 선종사의 형성과 발전, 그 변화의 절정을 혜능이라는 주인공을 내세워 전개하고 있지만, 거기에는 여러 인물들이 다양한 형식으로 『단경』의 사상적 정립에 관여하여 성립된 것이라고 보는 것이 타당할 것이다.

그럼 여기에서 구체적으로 『단경』에 나타나는 여러 가지 문제점들을 확인해 보자.

첫째, 불교는 고따마 싯닷타 부처님의 가르침이며 '경'이란 그분의 말씀을 적어 놓은 글이다. 그러나 부처님의 직접 말씀이 아닌 여러 '경'들이 나온 것도 사실이다. 잘 알려진 대승불교 경전들, 즉 『유마경』・『금강경』・『법화경』・『화엄경』 등 여러 '경'들이 그러하다. 그러나 이러한 '경'들은 불멸 후 나타난 대승사상을 여러 아라한 가계에서 오랜 기간 축적된 것들이 체계화되어 나타난 것으로 추정된다. 반면에 『단경』은 혜능 스님의 제자 신회가 그의 득세를 기회로 스승 혜능을 현창하고 남종선이 선의 정맥임을 알리기 위해 혜능 스님 사후에 만들어 낸 산물인 것으로 추정된다. 이것은 당시 중국 땅 전역에서 많은 가짜 '경'들이 양산된 풍조와도 무관치 않을 것이다.

이렇게 일개 스님의 법문이라고 주장하며 지어낸 것에다가 부처님의 말씀을 뜻하는 '경'이란 명칭을 붙이는 불경스러운 일을 저질렀으니 참으로 후대인으로 그 진실을 알고 나니 심경이 참담하고 이것을 금과옥조로 여기는 중국 선불교에 대해, 또한 그것을 그대로 받아들이고 신봉하고 있는 한국불교에 대해 안타까운 마음 그지없다.

둘째, 이 『단경』의 기록은 조금만 주의하여 읽어보면 금방 어록 형식이 아닌 소설 형식이라는 것을 알 수 있다. 기록자가 화자話者인 혜능 스님뿐만 아니라 제삼자인 홍인 화상이나 신수 스님의 마음까지 자세히 표현해 놓은 것을 보면 알 수 있다.

셋째, 대범사 설법 당시 혜능 스님은 일자무식의 상태였으며, 『금강경』을 스승인 홍인 화상에게서 한 번 전해들은 것 외에는 어떤 불경에 대한 지식도 없다고 『단경』에서 당신 스스로 밝히고 있다.

그러나 『단경』에 보면 혜능 스님이 『유마경』「보살계경」 등 여러 경전에 대해 언급하고 있으며 심지어 산스크리트어, 즉 범어에 대해서도 견해를 밝히고 있으니, 이는 『단경』이 이러한 여러 경전들을 알고 범어에도 지식이 있는 이들이 적은 것임을 알 수 있다.

넷째, 위에서 지적했듯이 불교는 부처님께서 깨달으신 내용을 가르치는 종교다. 그리고 그 깨달음의 과정에서 필요한 모든 법수法數들을 부처님께서는 오온, 십이처, 십팔계, 5근, 사성제, 12연기 등으로 해체해 밝혀놓으셨다. 그러나 이 『단경』에는 이러한 명확한 부처님 법수 대신에 '무념', '견성' 등 그 의미를 명확히 정의하기가 난해한 단어를 사용하며 그들 스스로 그 뜻에 대해 여러 가지 다른 말들을 하고 있다. 더구나 부처님의 가르침 어디에도 나타나지 않는 '무념無念'을 자신의 가르침의 '종宗', 즉 근본으로 삼는다고 밝히고 있으니 참으로 난감할 노릇이다.

'무념無念'에 대해서는, 『선원제전집도서』에서 하택종荷澤宗의 계승자로 알려진 규봉圭峰 종밀宗密은 신회의 무념을 이렇게 평가하고 있다. "자성自性의 공적지지空寂之知를 돈오頓悟하라. 지지知

도 무념無念·무형無形이거늘 누가 아상我相과 인상人相이라고 할 것인가. 모든 상이 공空인 것을 깨달으면 마음은 자연스럽게 무념에 이른다. 상념이 일어나면 곧 공空이라는 것을 알고, 그것을 알면 상념은 사라진다. 수행 방법은 이것 이외는 없다. 그러므로 만행을 갖추어 수행하더라도 오로지 무념을 종宗으로 하는 것이다."라고.

이러한 설명들을 미루어 볼 때, 그의 제자들이나 후대인들이 아무리 좋은 말로 해석하더라도 결국 남종선의 무념은 사마따(禪定) 수행에서 추구하는 선정, 즉 소위 '심일경성心一境性'에 다름 아님을 이 글들로 알 수 있다. 느낌이나 생각마저 끊어진 상수멸想受滅의 경지도 깨달음이 아니거늘 선정이야 말할 필요가 없다. 그런데 『단경』에서는 이 '무념'을 '종宗'으로 삼는다고 하니 이보다 더 희극적인 일은 없을 것 같다. 또한 주지하다시피 선정, 즉 삼매는 깨달음, 즉 해탈 열반으로 가는 하나의 과정일 뿐 깨달음 자체가 아닌 것을, 『단경』의 저자들은 중국어의 유별난 모호성을 이용하여 마치 이를 깨달음인 양 오도하고 있는 것이다.

불교란 수행자가 선정에서 출정한 후 고따마 싯다타 부처님의 삼법인三法印, 즉 제법法들의 무상·고·무아를 반조하여 다시는 윤회의 흐름에 들지 않는 해탈 열반에 이르는 것을 궁극적 목표로 지향하는 가르침이다. 그런데 무념, 즉 선정을 궁극적 목표로 하는 중국 남종선은 아무리 좋게 평가한다고 해도 불교佛敎, 즉 부처님의 가르침이 아니다. 이는 부처님의 법法에 대한 무지가 빚어낸 안타깝기 짝이 없는 일이 아닐 수 없다.

다섯째, 외도도 수행하면 색계 사선과 무색계 사선을 넘어 상수멸로 갈 수 있다. 그러나 여기에서 나아가 법法들의 공상共相, 즉 무상·고·무아를 철견하지 않으면 염오, 이욕, 구경 해탈지로 나아갈 수 없다. 이것은 부처님 가르침의 핵심이다. 그러나 『단경』 어디에도 이러한 언급은 없다. 그것이 의미하는 것은 혜능은 물론 신회를 비롯한 이 『단경』의 저자들은 이러한 단계를 알지 못했다는 것이다. 이 부처님 가르침의 핵심인 제법諸法의 공상共相인 무상·고·무아, 즉 삼법인三法印에 대한 간과는 이후 중국 선종의 커다란 문제점으로 지적되지 않을 수 없으며, 중국불교를 유사불교로 보지 않을 수 없게 만드는 결정적 요인이 된다.

이러한 점이 대혜 종고 이후 '화두' 타파를 마치 깨달음으로 오인하게 만드는 원인을 제공하게 되고, 후에 돈점논쟁을 일으키는 근본 원인을 제공하게 되는 것이다. 그러나 이들이 '화두' 타파 후에 스승을 찾아가 이를 점검받아야 한다는 규칙을 제시한 것을 보면 이들 스스로 '화두' 타파가 깨달음이 아니라는 것을 인지하고는 있었던 것 같다.

까시나 수행이 상想으로 상상을 부수는 선정수행이듯이 '화두' 참구는 개념으로 개념을 부수는 선정수행일 뿐이며 이는 부처님께서 제시한 40가지 수행 방법 어디에도 나와 있지 않는 중국 선불교에서만 제시하고 있는 수행 방법일 뿐이다.

부처님 법은 깨달으면 깨달았다는 해탈지견이 생기고, 자신에게 미혹과 탐·진·치가 남아 있는지 이를 스스로 점검하는 것이지 누군가 다른 사람에게 인증받는 것이 아니다.

여섯째,『단경』에서는 오조 홍인 화상이 가사를 신표로 방앗간 지기였던 혜능에게 법을 전하고 밤중에 몰래 도망치게 하였단다. 참으로 드라마틱한 이야기이다. 그러나 5조 홍인 대사가 74세에 입적할 당시 수좌였던 현책 스님에게 '내가 열반에 든 후에 너는 신수와 함께 불법의 광명을 다시 빛내야 한다'라며 신수 스님에게 법을 부촉하였다고 현책 스님은 밝히고 있다.

『단경』의 주장에 따르면 한 종파의 어른인 5조 홍인 화상이 혜능과 신수 두 사람에게 법을 부촉했다는 이야기가 된다. 황당하기 그지없는 이야기이다. 홍인 화상과 현책 스님, 이 당대의 존경받던 인물들의 이야기가 맞을까, 아니면 혜능 스님 사후에 신회 등 여러 사람에 의해 작성된『단경』의 주장이 맞을까? 이는 신수 스님이 종단을 물려받은 후에 당시 왕권을 쥐고 있던 측천무후가 신수 스님을 초대하여 국사로 모셨다는 사실로도 분명하게 드러난다.

일곱째, 중국불교에서 깨쳤다는 말의 의미를 분명히 알아야 한다.『단경』제6장 '수법受法' 장에 보면 '오조 스님이 밤중 삼경에 혜능을 조사당 안으로 불러『금강경』을 설해 주니, 혜능이 한번 듣고 말끝에 문득 깨쳐서 그날 밤으로 법을 전해 받았다'고 되어 있다.

물론 성문각聲聞覺도 있다. 듣고 깨닫는 것이다. 그러나 이는 부처님 당시에 국한된 것이며, 더구나 이 경우도 그 당사자는 수많은 전생의 인연과 금생의 많은 노력 끝에 소위 줄탁동시啐啄同時, 즉 안에서 병아리가 알에서 나오기 위해 부리로 껍질을 쪼을 때 밖에서 어미닭이 이 소리를 듣고 도와주어 병아리가 알에서 나오게 되는 것이다. 혜능 스님도 전생에 많은 인연이 있었으리라. 『금강경』사구게를 듣고 문득 마음이 밝아져 그 자리에서 바로 출가를 결심하였다고 하니. 그러나 금생에는 일자무식에 36세까지 나무꾼으로 지내다가 오조 홍인 화상을 찾아가 8개월간 방앗간지기를 한 것이 금생 인연의 전부였다. 그런데『금강경』해설을 한 번 듣고 말끝에 깨쳤다는 이 말은 깨달음의 과정에 있는 수많은 견혹, 즉 인지 번뇌를 한 꺼풀 벗어났다는 이야기에 다름 아니다.

『금강경』과 관련해 잘 알려진 에피소드 가운데 덕산 스님의 이야기가 있다.『금강경』에 해박하였던 덕산 스님이 남쪽에 '돈오頓悟'를 이야기하는 사람들이 있다는 말을 듣고 그들을 혼내주기 위해 찾아가는 길에 떡 파는 노파에게『금강경』에 나오는 과거심, 현재심, 미래심 화두로 보기 좋게 당하여 점심을 거르게 되고, 노파의 소개로 용담 스님을 찾아뵙게 되어 밤이 늦도록 용담 스님에게 자신의 『금강경』에 대한 지식을 자랑한 후에 법당을 나서는데, 어두운 툇마루에서 갑자기 용담 스님이 촛불을 훅 불어 끄는 바람에 앞이 캄캄해져 신발을 찾지 못하게 되자 문득 깨치고 다음날 걸망에 싸다니던 자신의 『금강경』 소초를 전부 불태우고 용담 스님에게 가르침을 구했다는 이야기이다. 물론 이 이야기는 '돈오'를 주장한 남종에서 만들어 낸 이야기이리라. 그러나 어찌 되었건 덕산 스님은 캄캄한 툇마루에서 무엇을 깨달았다는 것일까? 자신의 『금강경』에 대한 지식은 마치 꺼지면 주위가 더 캄캄해지는 어둠 속에서의 촛불과 같다는 것을 깨달았다는 것일 뿐이다.

이처럼 중국불교에서 언급되는 깨달음에 대한 이야기는 대부분 하나의 인지 번뇌를 벗어났다는 말의 다른 표현일 뿐이다. 잘 새겨들어야 한다.

이제 마지막으로 저자의 추론을 말하겠다.

혜능 당시의 절간에는 주로 10대 중후반의 미성년자들이 글자도 배우고 국가의 사역과 병역의무도 면할 겸 하여 출가하는 경우가 대부분이었다. 이러한 상황에서 30대 중반의 그것도 일자무식의 나무꾼이 출가하겠다고 찾아왔으니 우선 예외적인데다가 이자가 뭔가 불법佛法에 대해 아는 체를 하는 것이다. 위계질서가 필요한 절집이라는 조직을 운영하는 책임자로서는 참으로 난감한 일이었으리라. 그러나 그 자질을 아깝게 여긴 홍인 화상은 좋게 그를 방출하기로 한다. 공부를 더 하여 출가하라고 일러주고서.

그리하여 혜능은 남으로 내려가 산속 사냥꾼의 움막에서 허드렛일을 하면서 삼 년을 보낸다. 이 기간 혜능은 틈틈이 열심히 수행하였으리라. 그리고 아마도 초선을 경험하였다고 생각된다. 초선의 경지에서는 마음이 오롯이 보인다. 그리고 그곳이 종착지인 것처럼 느끼게도 된다.

이 지점에서는 '생각 없음', 즉 '무념無念'이 매우 중요하다. '무념'이 '종宗'이 된 이유이다. 이것이 아마 혜능이 처음 대범사에 나타나 스님들과 소위 '깃발 논쟁'을 하면서 '마음'을 이야기한 근본 바탕일 것이다. 그리고 『단경』에 흐르는 전반적인 법法의 수준이 바로 초선의 이 단계를 경험한 이야기이다. 신해를 비롯한 『단경』 저자들이 부처님 법에는 없는 '무념'을 종宗으로 삼은 연유이다. 그러나 제대로 깨친 이가 없던 당시의 절집에서는 그것도 대단한 것이었으며, 신해가 자신의 스승에게 매료되었던 요인이었으리라.

이 부분에 참고할 만한 아잔 브람 스님의 요긴한 언급이 있기에 여기 옮겨본다.

"선정의 첫 단계인 초선에서 수행자는 마음을 인식할 수 있게 된다. 감각적 경험들이 모두 빛바래어 사라졌기 때문이다. 그리하여 어떤 수행자들은 초선을 해탈의 경험이라고 착각한다. 초선에는 '나'라는 자아가 없고, 행복감, 평화로움, 고요함만이 있다. 그래서 깨달음이라고 착각하고 구도 여행의 종착지라고 생각한다. 힌두이즘(Hinduism)에서는 그 지점이 브라흐마(Brahma)와의 합일이며 모든 것이 환원되었다고 생각하고, 마음을 경험한 것이 수행의 결실이며 영적인 구도생활의 마지막 종착지라고 여긴다. 하지만 제2선을 경험하면 초선이 깨달음이 아니며 마지막 종착지도 아님을 알게 된다. 그 이상의 것이 있다."

신수의 북종이 50여 년의 득세에도 민심을 완전히 얻지 못하고, 안사의 난 이후 혜능 스님의 제자 신회가 왕조를 도와 당시 전국에 수만 명에 달했을 절집 식구들에게 병역과 노역 의무를 면제해 주는 도첩을 팔아 군자금을 조달한 공로로 난을 제압한 후 왕의 신임을 얻어 하택사를 증수받고 이를 계기로 자신의 스승인 혜능을 선양하고 남종이 유일한 선종의 법맥임을 널리 홍포하게 되었다. 여기에는 혜능이 선종의 제6대조가 된다면 당연히 신회 자신이 제7대조가 된다는 저의가 깔려 있는 것이다.

이들은 신수의 북종과는 달리 중국인의 성향에 맞게 깨달음은 문자(교학教學)에 있지 않다는 '불립문자不立文字'를 강조하고, 부지런히 닦아 이룬다는 '점오漸悟' 대신에 누구든 단박에 깨달을 수 있다는 '돈오頓悟'를 주창함으로써 당시 대부분 문맹이던 대중의 마음을 얻게 되고, 타 종파들도 차츰 남종에 귀의하게 되어 이후 5가 7종의 선종 전성시대를 여는 계기를 만들었다.

또한 당시 이 땅의 불교는 중국을 대국으로 여겨 따르는 시대 흐름에 따라 중국불교 남종의 기치를 그대로 받아들여 오늘날까지 한국불교를 유사 불교화한 중국불교의 왜곡된 그늘에 있게 하는 아픈 상처가 되고 있다.

그러나 근자에는 이 땅의 많은 젊은 스님들과 수행자들이 부처님의 원음을 찾아 열심히 수행 포교하고 있다니 만시지탄이나 다행한 마음 그지없다.

제4절 돈점頓漸 논쟁

이는 깨달음과 닦음에 빠르고 늦음이 있느냐 없느냐를 다투는 문제이다. 인도불교에는 없는 오직 중국 선불교에만 있는, 그리하여 중국 선불교를 표방한 이 땅의 스님들도 천여 년을 다투어 온 문제이다. 인도불교에는 없는 이유가 무엇일까?

부처님께서 명명백백하게 이를 밝혀놓으셨기 때문이다. 깨달음의 단계와 내용에 대해서는 2장과 3장에서 살펴보았지만 다시 한번 간략하게 알아보자.

깨달음: 도(道, magga)와 과(果, phala)
깨달음에는 예류, 일래, 불환, 아라한의 네 가지 도(道, magga, 깨달음)와 그에 따른 네 가지 과(果, phala, 결실)가 있으니 이를 사도사과 혹은 사향사득 또는 사쌍팔배라 이름한다. 이 네 가지 도의 마음이 일어나기 전에 반드시 그것에 대해 아는 마음인 고뜨라부(gotrabhu, 종성種性)가 일어난다.

첫째, 예류 단계에서는 유신견(有身見, sakkāya-diṭṭhi)이 완전히 사라진다. 어디에도, 어떤 형태로도 자아라는 것이 없다는 것을 이해하는 것이다. 오온五蘊 중의 어떤 것도 내가 아니고, 나의 것이 아니고, 나의 자아가 아니라는 사실을 깨닫는 것이다. 그리고 오온, 즉 다섯 가지 무더기를 벗어난 것이 존재하지 않는다는 것을 아는 것이다.

예류자의 또 하나의 특징은 부처님과 법과 승가에 대한 완전한 믿음을 가지게 되는 것이다. 수행의 과정에서 수행자는 부처님이 오래전에 경험하신 것을 스스로 하나하나 경험하게 된다. 그러면서 부처님과 그의 가르침인 법에 대해 완전한 신뢰와 존경심을 갖게 된다. 그리고 깨달음을 얻는 데 최상의 조건을 제공하는 승가를 존경하게 된다. 하지만 예류자에게는 여전히 탐진치 번뇌가 남아 있다. 이미 무아를 이해한 예류자의 단계에서 어떻게 욕심이나 분노 같은 번뇌가 남아 있는지 의아해하는 사람도 있을 것이다.

견해가 인식을 만들고 인식이 생각을 형성하고 생각이 다시 견해를 강화시킨다. 그런 악순환을 통해 인지 과정의 왜곡이 지속되고 강화된다. 간단히 말하면 견해가 경험과 생각을 좌우하는 것이다. 그래서 잘못된 견해를 가지면 모든 경험을 다 왜곡해서 받아들이게 된다. 견해에 의해서 우리의 인식 자체가 왜곡되는 것이다. 그리고 인식에서 받아들인 일차적인 정보를 통해 우리의 생각이 형성된다. 인식한 것에 기반을 두고 생각하는 것이다.

이 세 가지가 계속 돌고 돈다. 예를 들면, 불멸의 자아가 있다고 믿으면 그러한 견해에 따라서 불멸의 자아를 경험하게 되고 그러한 경험으로 인해 견해가 더욱 강화된다. 이러한 왜곡의 악순환을 부수기는 매우 어렵다.

이러한 왜곡을 깨는 방법은 감각적 욕망, 성냄, 나태, 들뜸과 후회, 의심의 다섯 가지 장애를 극복하는 것이다. 장애가 없으면 세상을 있는 그대로 볼 수 있게 된다. 장애가 없으면 더 이상 보고 싶은 대로 보거나 기대하는 대로 보지 않는다. 예류자가 되면 장애의 일부가 사라진다. 그러면 기존에 가지고 있던 견해가 완전히 뒤집힌다. 다시는 전에 가졌던 견해대로 세상을 보지 않는다. 수행의 과정에서 큰 영향을 미치는 것이 바로 견해이다. 그래서 팔정도 중에 첫 번째가 바로 바른 견해, 즉 정견正見인 것이다. 경전에서는 예류자를 '견해를 구족한 자'라고 표현하기도 한다.

예류자가 된다는 것은 사실은 거기서부터 수행이 시작되는 것이다. 경전에서는 예류자, 일래자, 불환자를 유학(有學, sekha), 즉 배우는 자라고 표현한다. 배움이 시작되기 위해서는 우선 예류자가 되어야 하는 것이다.

예류자는 수행을 통해 바른 견해가 새로운 인식을 만들 때까지 마음을 계발한다. 유학有學의 과정, 즉 예류자, 일래자, 불환자의 과정에서는 여전히 오래된 인식이 바른 인식을 가로막기도 한다. 인식을 변환시키는 과정이 범부의 마음에서 성인의 마음으로 전환되는 과정이다.

예류자는 성인에 포함되지만 마음이 가끔씩 옛날 방식과 옛날 생각으로 되돌아간다. 그래서 예류자는 범부의 방식으로 인식할 때가 있다. 하지만 수행의 과정에서 바른 견해가 점점 더 강해진다. 바른 견해의 힘이 강해지면 팔정도의 두 번째인 '삼마 상깝빠(samma-saṅkappa, 정사유正思惟)', 즉 '바른 마음가짐'이 정화된다. 말하고 행동할 때의 마음가짐이 올바르게 정화되는 것이다. 놓아버리는 마음가짐은 바른 마음가짐이다. 무언가를 얻으려는 마음가짐, 유명해지려는 마음가짐, 이득을 취하려는 마음가짐은 바른 마음가짐이 아니다. 모으려고 하는 것은 바른 마음가짐이 아니다. 버리려고 하는 마음가짐이 바른 마음가짐이다. 좋은 수행자는 언제나 소유가 줄기를 원한다. 소유가 늘어나기를 바라지 않는다. 이것이 바른 마음가짐의 첫 번째인 놓아버림이다. 바른 견해를 가지면 바른 마음가짐이 생겨난다. 그러면 삶의 방향이 놓아버리는 쪽으로 변하게 된다.

바른 마음가짐의 두 번째는 적개심 없는 마음가짐, 자애로움이다. 예류자가 되면 분노와 거친 마음은 점점 줄어들어서 매우 자애로운 사람이 된다. 언제나 평화롭고 모든 것을 놓아버리는 사람이 된다. 바른 마음가짐을 가지게 되면 바른 말, 바른 행동, 바른 생계가 자연스럽게 이루어진다. 번뇌가 없으면 계율을 지키는 것은 쉽고 당연한 일이 된다.

세 가지의 바른 마음가짐인 놓아버림, 자애로움, 자비로움을 계발하면 자연히 바른말을 하게 된다. 거칠게 말할 이유가 없어지는 것이다. 다른 사람에게 소리 지를 이유가 없어진다. 그리고 바른 마음가짐에 의해 바른 행동과 바른 생계가 자연스럽게 이루어진다. 이득을 얻는 것보다 무언가 주는 것에서 즐거움을 느낀다.

바른 정진도 바른 마음가짐에서 비롯된다. 경전에서 바른 정진은 네 가지로 설명된다. 아직 생겨나지 않는 좋은 품성을 생겨나게 하는 정진, 이미 일어난 좋은 품성을 지속되게 하는 정진, 아직 생겨나지 않은 좋지 않은 품성이 생기지 않게 하는 정진, 이미 생겨난 좋지 않은 품성이 사라지게 하는 정진이 바른 정진이다. 모두 결과를 기준으로 삼고 있다. 따라서 어떤 방향으로 가면 어떤 결과가 나오는지 스스로의 경험을 통해 점검해 보아야 한다.

둘째, 일래는 수혹 9품 중 제6품의 수혹을 끊으면 일래과一來果를 성취한다. 그때 그는 천상에 갔다가 한 번만 인간으로 태어나 반열반하기 때문에 일래과라고 이름한다. 이렇게 한 번의 왕래를 거친 이후에는 더 이상 다시 태어나는 일이 없기 때문이다.

셋째, 불환자는 선정에 오랜 시간 머무르면 더 이상 감각적인 쾌락을 원하지 않게 된다. 선정의 즐거움이 훨씬 더 강하기 때문이다. 세상의 감각적 쾌락에 대한 집착이나 세속적인 즐거움에 대한 관심이 완전히 사라지는 것이 깨달음의 세 번째 단계인 불환도不還道이다. 불환자는 더 이상 욕계에 태어나지 않는다. 감각적 욕망에 대한 관심이 완전히 사라졌기 때문이다. 다섯 가지 감각적 경험에 대해서 어떤 흥미도 없다. 세상을 떠날 때까지 다른 사람들에게 도움을 주며 그저 해야 할 일을 할 뿐이다.

불환자의 경우에는 바른 견해가 몹시 강해져 있다. 그래서 바른 견해가 인식에 스며들어 이제 더 이상 외부의 세상을 즐거움의 대상으로 여기지 않는다. 가장 좋아하던 음식이나 아름다운 음악 혹은 아름다운 여인을 보아도 그러한 것들을 더 이상 아름답다고 여기지 않는다. 남자는 남자고 여자는 여자일 뿐이다. 더 이상 매혹되거나 하지 않는다. 모든 것이 다섯 가지 무더기, 오온으로 보일 뿐이다. 인식이 마침내 바른 견해와 합치된 것이다. 바른 견해를 가지면 바른 인식을 가지게 되고 바른 인식으로 바른 견해를 보완하게 된다.

제일 마지막에 변하는 것이 '생각'이다. 『상윳따 니까야』의 「케마까경」(S 22: 89)에는 불환자와 아라한의 차이를 설명하는 대목이 나온다. 불환자가 된 사람은 인식이 정화되어 있지만 간혹 자기 자신이 존재한다는 생각이 떠오른다고 한다. 이를 「케마까경」에서는 빨래를 했는데 빨래를 위해 사용했던 세제의 냄새가 남아 있는 것에 비유하고 있다. '내가 있다'는 생각이 미세하게 배어 있는 것이다. 인식의 형태가 아니라 생각의 형태로 남아 있다. 그 상태가 불환자이다. 하지만 이것은 시간이 지나면 해결되는 문제이다.

사람들은 수행자가 선정에 집착하는 위험에 대해 말한다. 그것은 사실이다. 수행자는 선정에 집착할 수 있다. 그러나 선정에 대한 집착은 불환자가 아라한이 되는 것을 방해할 뿐이다. 그러니 그 집착이 큰 문제가 되지는 않을 것이다.

넷째, 아라한은 바른 견해를 통해 바른 인식을 가지게 되고 마침내 바른 생각을 가지게 된다. 이 세 가지가 모두 합치해서 더 이상 바라는 마음도 없고 분노도 일어나지 않는 상태가 아라한이다. 마침내 자유로워진 것이다.

누군가 여러분에게 와서 자신이 불환자나 아라한이라고 한다면 그 사람은 불환자나 아라한이 아니다. 불환자나 아라한이라면 자신이 그렇다고 말하지 않는다. 만일 여러분이 깨달음을 얻으면 침묵하기 바란다. 남들에게 말할 필요가 없다.

이렇게 명명백백하게 밝혀놓았으니 논쟁할 필요가 없다. 혹 어떤 이가 부처님의 말씀을 듣고 어느 날 문득 아라한이 되었다면 그는 이미 불환자까지의 공부가 되어 있었다고 보면 된다. 사라뿟따 존자는 부처님께 귀의한 지 보름도 되지 않아 아라한이 된 것이 일례이다.

깨달음은 자기 마음에 지적 미혹과 탐·진·치 삼독三毒이 남아 있는지 스스로 판단하는 문제이지 누구에게 인가를 받거나 다른 이에게 판단을 맡길 문제가 아니다. 그런데 이것을 밖으로 드러내니 판단의 대상이 될 수밖에 없다. 부처님께서 계율로서 이를 엄히 금하신 데는 다 이유가 있는 것이다. 그리고 스스로 판단하는 데는 수년이 걸릴 수도 있다.

중국 선불교와 한국불교에서 돈점頓漸 논쟁이 있어 왔다는 사실 자체가 매우 부끄러운 일이다.

마치는 글

진리를 추구하는 모든 이들에게 한 권의 책으로 인류의 영원한 스승이신 부처님의 삶과 가르침을 전하고 이 땅의 불교에 대해서도 살펴보려는 과욕에서 시작한 일이 마침내 마무리가 되었다. 농사일과 수행 중간중간에 짬짬이 하느라 햇수로 삼 년이 넘게 걸렸다.

이렇게 우리가 세세생생 윤회하는 것은 열심히 공부하여 하루라도 빨리 깨달아 본원인 적멸로 돌아가라는 것인데, 그것을 모르고 눈앞의 탐욕에만 이끌려 끊임없이 중생의 삶을 이어오고 있었음을 이제 부처님의 법을 만나 뒤늦게라도 알게 되었으니 어찌 촌음을 게을리 하겠는가?

그런데도 이 훌륭한 가르침을 종교라는 굴레에 갇혀 외면하고 있거나, 인연이 닿지 않아 아직 만나지 못했거나 만나도 제대로 된 수행법을 모르고 헛되이 세월만 보내는 이들이 많을 것이란 나름의 노파심에 이를 한 권의 책으로 전할 수 있다면 더없이 좋겠다는 생각에 이르렀다. 게다가 공부하여 보니 이 땅에 만연된 불교가 원래 부처님의 가르침과는 너무나 달라서 이를 대중들에게 알리고 바로 잡아 나갔으면 좋겠다는 염원이 생기게 되었고, 이런 일에는 출가하신 스님들보다 필자와 같은 재가 불자의 입장이 오히려 더 자유로울 것이라 생각되었다.

이 책은 저보다 더 많이 공부하신 스님들과 학자들의 저술 및 강의의 핵심을 참고하고 필자의 견해와 일치하는 부분을 요약 정리하여 주제별로 배치하였으며, 그 중간 중간 본인의 의견도 곁들였으니 이 책의 모든 내용은 오롯이 본인의 식견과 책임에 의한 것임을 밝혀둔다.

모쪼록 이 한 권의 책이 마중물이 되어 인연 있는 많은 이들이 부처님의 올바른 가르침에 귀의하게 되어 남은 생을 더 행복하게 살고 주위에 많은 선업의 씨앗을 뿌릴 수 있게 되기를 바라며, 이 땅의 불교가 하루빨리 부처님의 본래 가르침으로 돌아갈 수 있도록 기원한다.

이 책이 세상에 나올 수 있게 도와주신 일창 담마간다 스님과 운주사 김시열 사장님 그리고 그 외 모든 분들에게 이 자리를 빌려 깊은 감사의 말씀을 드린다!

2025년 4월
저자 김일문

 김일문

1952년 임진생.
고려대학교 영문과를 졸업하고, 기업에서 대표이사를 역임하였다.
성철 스님께 법명을 받고, '선림고경총서'로 선불교에 입문하였다.
고심정사 불교대학을 수료하고, 포교사 자격을 취득하였다.
배달인성개발원 대표를 맡고 있으며, 2019년 하동 악양으로 귀촌,
농사와 마음공부에 매진하고 있다.
저서로 『The Magic Power』(인성의 힘)가 있다.

시골 농부의 마음공부

초판 1쇄 인쇄 2025년 6월 5일 | 초판 1쇄 발행 2025년 6월 16일
지은이 김일문 | 펴낸이 김시열
펴낸곳 도서출판 운주사

(02832) 서울시 성북구 동소문로 67-1 성심빌딩 3층
전화 (02) 926-8361 | 팩스 0505-115-8361
ISBN 978-89-5746-873-9 03220   값 17,000원
http://cafe.daum.net/unjubooks 〈다음카페: 도서출판 운주사〉